Margret Schwarz
Rechenschwäche?
Wie Eltern helfen können

*Für Matthias, der nach langjähriger
Kompensation seine Rechenschwäche
selbst – mit Hilfe einer adäquaten Didaktik –
in den Griff bekam und seine Schullaufbahn
schließlich erfolgreich mit dem Abitur
abschloss.*

Margret Schwarz

Rechenschwäche?

Wie Eltern helfen können

Urania-Ravensburger

Die Deutsche Bibliothek – CIP-Einheitsaufnahme

Schwarz, Margret:
Rechenschwäche? : wie Eltern helfen können /
Margret Schwarz. - Berlin : Urania-Ravensburger, 1999
    ISBN 3-332-00716-5

Originalausgabe
© 1999 by Urania-Ravensburger in der Dornier Medienholding GmbH, Berlin

Fotos: Foto Assmann, Deizisau
Umschlaggestaltung: Behrend & Buchholz, Hamburg
Lektorat: Jeanette Stark-Städele
Satz: Redaktionsbüro Stark
Druck: Westermann Druck, Zwickau
Printed in Germany
Gedruckt auf alterungsbeständigem Papier
mit chlorfrei gebleichtem Zellstoff

ISBN 3-332-00716-5

Inhalt

Kieler Zahlenbilder – Mathematik zum richtigen Sehen: Würfelbilder – Mathematik zum Üben, Verfestigen und Automatisieren: die Lernkartei – Das Drei-Minuten-Training – Mathematik zum Verstehen: Rechnenlernen durch visuelles Denken – Mathematik selbst entwickeln: die Arbeit am leeren Zahlenstrahl – Mathematik zum Vergnügen: didaktische Spiele

Vorwort

Was Rechenschwäche bedeutet, hatte ich durch das Schulschicksal meines eigenen Sohnes erfahren. Schon in den ersten Schuljahren musste ich feststellen, dass mein ansonsten kluges Kind bei den einfachsten Rechenaufgaben Schwierigkeiten hatte, dass vermehrtes Üben keinen dauerhaften Erfolg brachte, dass heute gekonnte Rechenwege morgen wieder vergessen waren.

In Unkenntnis der Rechenschwäche-Problematik konnte ich damals diese Schwierigkeiten weder einordnen noch angemessen begleiten, so dass meine Reaktionen – wie bei den meisten mit der Problematik nicht vertrauten Eltern – von Verwunderung über Ärger bis zur Unterstellung mangelnder Motivation des Kindes reichten.

Glücklicherweise konnte mein Sohn durch die Unterstützung einer erfahrenen, besonders befähigten Pädagogin seine elementaren Schwierigkeiten mit der Mathematik schließlich innerhalb kurzer Zeit überwinden. Der schnelle Erfolg dieser Therapie kam uns damals wie ein Wunder vor. Diese Erfahrung machte uns die Notwendigkeit einer adäquaten, der Problematik angepassten Didaktik deutlich, die offensichtlich bisher in unseren Grundschulen noch nicht praktiziert wurde.

Dieser Erfolg ermutigte mich, in Stuttgart im Jahr 1990 die **Initiative zur Förderung rechenschwacher Kinder (IFRK)** mit zu begründen und mich für die Belange rechenschwacher Kinder einzusetzen, damit durch die Weitergabe vielfältiger

Erfahrungen im Bereich der Rechenschwäche-Problematik betroffenen Eltern und Kindern geholfen werden kann.

So schrieb ich in den ersten Jahren als Schriftführerin dieser Initiative viele Berichte über Vorträge zum Thema Rechenschwäche, die dann – zusammen mit Beiträgen weiterer Vorstandsmitglieder – zu einem Ratgeber zusammengefasst wurden. Unter dem Titel *Wenn eins und eins nicht gleich zwei ist* wurde diese Broschüre von der IFRK veröffentlicht und konnte so Eltern und Lehrern erste Fragen beantworten.

Einen großen Erfolg für die Belange rechenschwacher Kinder in der Grundschule konnten wir schließlich verbuchen, als im Frühjahr 1998 eine Broschüre *Schwierigkeiten im Mathematikunterrict in der Grundschule* für Lehrerinnen und Lehrer an Grundschulen und ein Leitfaden für Eltern in Form eines Faltblattes vom Kultusministerium Baden-Württemberg in Zusammenarbeit mit der IFRK e.V. entwickelt und an alle Grundschulen des Landes verteilt wurde. Diese Materialien waren in der Arbeitsgruppe Rechenschwäche in der Grundschule in zweijähriger Arbeit von Vertretern aus Kultusministerium, Schulen, Hochschulen sowie von uns Eltern erarbeitet worden.

Wir hoffen nun, dass dieses Beispiel Schule macht und auch die Kultusministerien anderer Bundesländer in dieser Weise die Probleme rechenschwacher Kinder anerkennen und damit eine Gleichbehandlung zur Legasthenie-Problematik einleiten.

Weiterhin hoffen wir, dass durch ein Umdenken in der Pädagogik langfristig Änderungen in der Methodik der Grundschulmathematik möglich sein werden und durch vorbeugende Maßnahmen viele Rechenschwächen vermieden werden können.

Es ist das Anliegen dieses Buches, Informationen zu vermitteln, die Eltern, aber auch Lehrern oder sonstigen Interessierten die Rechenschwäche-Problematik verständlich machen und ihnen Wege aufzeigen, wie Rechenschwächen gemildert, behoben oder sogar vermieden werden können.

Das rechenschwache Kind in der Schule

Seit Jahrzehnten ist die Legasthenie oder Lese-Rechtschreib-Schwäche ein allgemein bekannter, feststehender Begriff in Öffentlichkeit und Schule; eine Verwaltungsvorschrift regelt dabei die Vorgehensweise der Lehrer bezüglich Notengebung und spezieller Fördermaßnahmen.

Im Gegensatz dazu ist die Arithmasthenie (siehe Seite 19) oder Rechenschwäche immer noch weitgehend unbekannt, obwohl die Häufigkeit ihres Auftretens dem der Lese-Rechtschreib-Schwäche vergleichbar ist. Nach Lorenz (1993) sind ca. 6 % der Schülerinnen und Schüler extrem rechenschwach und ca. 15 % förderungsbedürftig. Nach Klauer (1992) gibt es sogar mehr rechenschwache als lese-rechtschreib-schwache Kinder. Auch nach neueren Auskünften der Schulen nimmt die Rechenstörung rapide zu, was zum Teil auch auf ein erhöhtes Wissen um die Problematik zurückzuführen ist.

Matthias – ein Elternbericht

Betrachten wir zunächst einmal, wie ein rechenschwaches Kind seine Kindheit erlebt. Dabei ist der folgende Bericht nicht in allen Teilen beispielhaft zu sehen. Beschrieben werden hier neben den für Rechenschwäche typischen Merkmalen und Nöten auch Symptome und Begleitumstände, die nur auf dieses Kind zutreffen und bei einem anderen etwas anders gelagert sein können.

Matthias ist ein freundliches Kind, das jeder gern hat. Nach einer etwas schwierigen Geburt verläuft seine Entwicklung ganz normal. Vom dritten Lebensjahr an besucht er voller Freude den Kindergarten.

Entwicklung im Vorschulalter

Dort fällt aber seine etwas langsame Motorik und seine Abneigung gegen manche Spiele auf. Matthias kann schlecht Schuhe binden und schlecht Knöpfe zumachen; er braucht dafür immer Hilfe, wenn diese Verrichtungen in einem zeitlich vertretbaren Rahmen stattfinden sollen. Matthias lehnt Bauklötze und Legosteine konsequent ab, obwohl ihm sein älterer Bruder die tollsten Modelle vorbaut und seine Eltern ihm extra große Bauklötze kaufen. Auch das Zusammensetzen von Puzzles interessiert ihn nicht. Beim Malen tut er sich schwer.

Um nichts zu versäumen, stellen die besorgten Eltern den Fünfjährigen einem Neurologen vor. Der Neurologe diagnostiziert zwar eine Störung im taktil-kinästhetischen Bereich, auch eine Beeinträchtigung in der Koordination der Bewegungsabläufe, hält dies aber für eine Entwicklungsverzögerung im Sinne einer Spätentwicklung. Eine Therapie sei nach seiner Meinung überflüssig, da sich die Störung auswachsen werde.

Entwicklung in der Grundschule

Um dem Spätentwickler Zeit zu lassen, besucht Matthias ein Jahr lang die Grundschulförderklasse und wird erst mit sieben Jahren eingeschult. Hier zeigt er sich als ausgesprochen aufgewecktes Kind, ist allerdings im Rechnen von Anfang an etwas langsam. Am Ende der ersten Klasse rechnet Matthias immer noch mit den Fingern, obwohl die Lehrerin es nicht gern sieht. Matthias gehört zu den Kindern, die ohne konkretes Veranschaulichungsmaterial keine Rechenoperation durchführen können. Das Vorstellen der Rechenhandlung im Kopf gelingt ihm nicht.

Im Unterricht darf Matthias nur sporadisch und nur für kurze Zeit mit konkretem Material handelnd rechnen. Daher bleiben ihm nur die Finger. Überhaupt kann Matthias mit Zahlen nicht viel anfangen. Die Verknüpfung von Zahl und Menge fällt ihm schwer; oft verdreht er die Zahlenfolge, schreibt 51 statt 15, weil man ja beim Sprechen auch zuerst die 5 nennt. Die Unterscheidung von Qualitäten wie groß – klein, dick – dünn, schwer – leicht ist für ihn schwierig. Das Schreiben macht ihm Mühe, zumal er Linkshänder ist. Zu diesem Zeitpunkt wissen die Eltern noch nicht, dass er an einer Rechenschwäche leidet.

Auch die Lehrerin von Matthias, die er sehr liebt und die auch von den Eltern als erfahrene Pädagogin geschätzt wird, weiß mit den besonderen Problemen ihres Grundschülers nichts anzufangen. Sie rät den Eltern zu vermehrtem Üben; denn nach einem alten Pädagogenwort lerne man Rechnen durch Rechnen, so wie man Schreiben durch Schreiben lerne.

Die Mutter nimmt die täglichen Rechenübungen sehr ernst. Dennoch sind die Lernerfolge nicht zufrieden stellend. Die Mutter merkt ebenso wenig wie die Lehrerin im Förderunterricht, dass hier Unverstandenes geübt wird, das nicht auf Dauer zum Lernerfolg führt. Matthias kann die mechanisch ausgeführten Rechenoperationen nur kurzzeitig im Gedächtnis behalten. Das ständige Vergessen von eben noch Gewusstem bringt die Mutter zur Verzweiflung und verwundert die Lehrerin. Die Diskrepanz zu den sehr guten Leistungen in allen anderen Fächern fällt auf. Die häusliche Atmosphäre wird zusehends gespannter. Der tägliche Hausaufgabenstress endet oft mit Tränen.

Kompensationstechniken

In seiner Not benutzt Matthias als Ausgleichsstrategie zunehmend das Auswendiglernen. Damit funktioniert das Rechnen besser und vor allem schneller. Die großen Probleme bei der Zeh-

nerüberschreitung lösen sich dadurch auf. Im Zahlenraum bis 20 gibt es 121 Additions- und Subtraktionsaufgaben – die kann er schaffen. Die Additions- und Subtraktionsaufgaben im Zahlenraum bis 100 werden heimlich untereinander geschrieben. Einmaleins und Division kann er in der Reihenfolge recht schnell aufsagen; durcheinander abgefragt, braucht er etwas länger.

Grenzen der Kompensation
Auffällig ist allerdings, dass ihm jedes Abschätzen – sei es Maß, Länge, Gewicht oder Zahl – fast unmöglich ist. Auch das Ablesen der Uhr und der Umgang mit Geld gelingen recht spät.

Insgesamt kann aber Matthias seine Schwäche geschickt und nahezu unbemerkt kaschieren: Im Zeugnis bekommt er die Note „befriedigend". Als Empfehlung wird als weiterführende Schule ohne Zögern das Gymnasium vorgeschlagen.

In den ersten beiden Gymnasialjahren rettet er sich mit Hilfe einer Nachhilfelehrerin über die immer höheren Hürden des Mathematikunterrichts. Er kann sich inzwischen Rechenwege gut merken, und weiß meistens, wann sie anzuwenden sind.

Mit den zunehmenden Anforderungen jedoch fällt das immer schwerer. Jetzt zeigt sich, dass Matthias in der ganzen Schulzeit keine echte Zahlvorstellung aufgebaut hat, dass er jahrelang nur leere Automatismen abgespeichert hat: Matthias rechnet ohne Einsicht, kann dem Stoff schließlich nicht mehr folgen und seine Klassenkameraden merken das.

„Wer zwei und zwei nicht zusammenzählen kann, ist doof", heißt ein landläufiger Kindervers. Rechnenkönnen wird immer wieder mit Logisch-denken-können gleichgesetzt. Matthias wird oft vor der Klasse bloßgestellt und er wehrt sich mit verbaler Aggression, die sich zum Teil auch gegen die Lehrer richtet. Seine Leistungen in Mathematik lassen deutlich nach und Matthias beginnt die Lust auch an anderen Fächern zu verlieren, die Lust an der Schule überhaupt.

Seine Eltern machen sich Sorgen um seine Entwicklung und beschließen, in der Entwicklungsneurologie einer Universitätskinderklinik testen zu lassen, ob für Matthias vielleicht eine andere Schulart zu wählen ist.

Die neurologische Untersuchung zeigt immer noch Mängel in der Bewegungskoordination an. Der ausführliche Intelligenztest aber weist in den meisten Bereichen Werte auf, die auf Hochbegabung schließen lassen: also von Dummheit keine Spur. Als Schule wird ausschließlich das Gymnasium angeraten, da sonst Unterforderung zu befürchten sei. Eine Schwäche in Mathematik kann nicht festgestellt werden.

Die Therapie

Ein etwas später gemachter Test an einem privaten Institut zur Therapie von Rechenschwäche ergibt eindeutig eine Arithmasthenie. Zweijährig durchgeführte Fördermaßnahmen in diesem Institut werden schließlich beendet, als die Mathematik-Note in der Schule auch im Zeugnis bei „ungenügend" liegt und die Schule den Eltern rät, für das zwar begabte – aber im Fach Mathematik in der Regelschule nicht beschulbare – Kind ein privates Gymnasium zu suchen, wo in kleineren Klassen ein individuellerer Unterricht möglich ist.

Matthias hat das Glück, dass seine Eltern zu diesem Zeitpunkt von einer Klinik erfahren, die Kinder mit Teilleistungsschwächen behandelt. Und hier lernt Matthias endlich rechnen. In drei Monaten begreift er den Unterrichtsstoff von acht Schuljahren. „Endlich verstehe ich Mathematik", sind seine ersten Worte am Telefon, als er zu Hause anruft. Er, der sich schon als völliger Versager empfunden hat, bekommt in dieser Klinik Mut zum Weiterlernen.

Die erste Mathematik-Arbeit in der Wiederholungsklasse des Gymnasiums, das Matthias im Anschluss besucht, ist eine Eins. In der Folgezeit zeigt sich leider, dass der erreichte Lern-

erfolg in der Regelschule nicht auf diesem Niveau gehalten werden kann. Die Didaktik der Regelschule ist auch jetzt nicht geeignet, diesem Kind den Mathematikstoff nahe zu bringen.

Immerhin hat Matthias durch die Klinik-Therapie so viel Selbstvertrauen gewonnen, dass es ihm gelingt, seine Noten in seinen „guten Fächern" zu festigen und seine Mathematik-Noten auf einem knapp unterdurchschnittlichen Niveau zu halten, so dass seine Schullaufbahn nicht mehr gefährdet ist.

(Vgl. Broschüre des Ministeriums für Kultus, Jugend u. Sport, Baden-Württemberg, 1998)

Authentische Zeichnung eines rechenschwachen Kindes: Verzweifeltes Kind – wie unter einer Glasglocke gefangen, Blitze kommen von allen Seiten, die Beine rutschen ihm weg: Es gibt kein Entkommen.

Erfahrungen des Kindes in der Schule

Die anfängliche Freude, in die Schule gehen zu dürfen, endlich ein Schulkind zu sein, wird so manchem Erstklässler bald getrübt, wenn er gewahr wird, dass er in einem Teilleistungsbereich mit den anderen Kindern nicht Schritt halten kann.

Im Anfangsunterricht bleiben jedoch die Schwierigkeiten im Teilleistungsbereich Rechnen oft nach außen unbemerkt, weil sowohl Eltern als auch Lehrer von der Existenz der sog. Rechenschwäche keine Kenntnis haben. Die Schwierigkeiten, so hofft man, wachsen sich aus. Man weiß ja, dass manche Kinder etwas länger brauchen, um sich an die Anforderungen der Schule zu gewöhnen. Da in den ersten beiden Schuljahren noch keine Ziffernnoten gegeben werden, wird der Rückstand zu den Klassenkameraden nicht bewusst wahrgenommen.

Üben, üben, üben und kein Erfolg

In der dritten Klasse werden die Schwierigkeiten eines rechenschwachen Kindes allerdings in der Regel so groß, dass über Interventionsmöglichkeiten nachgedacht werden muss. Da die Lehrer in der Regel nicht dafür ausgebildet sind, mit einer Rechenschwäche umzugehen und daher adäquate didaktische Fördermaßnahmen im Unterricht nicht zur Verfügung stehen, bekommt das betroffene Kind zunächst einmal zusammen mit anderen leistungsschwachen Kindern Förderunterricht, in dem der aktuelle Unterrichtsstoff nochmals geübt wird. Diese Fördermaßnahmen greifen aber bei einem rechenschwachen Kind deshalb nicht, weil sie nicht geeignet sind, dem Kind die Einsicht zu vermitteln, die es zum Verstehen des Lernstoffs braucht. So geschieht es, dass das Kind den Rechenweg durch mechanisches Üben zwar eine kurze Zeit lang behält, am folgenden Tag aber bereits wieder vergessen hat.

Dieses Phänomen wird von dem Lehrer oder der Lehrerin mit Verwunderung registriert und den Eltern wird geraten, durch vermehrtes häusliches Üben den Mangel auszugleichen.

Doch für das Kind bleibt die Welt der Zahlen trotz ständigen Übens völlig undurchschaubar – weil die Anschauung fehlt. Es soll etwas lernen, das es nicht begreift.

Das Verständnis fehlt

Begreifbares Anschauungsmaterial wird in der Grundschule nur über eine kurze Zeit im Anfangsunterricht eingesetzt. Recht früh – für ein rechenschwaches Kind zu früh – muss die Rechenhandlung im Kopf vollzogen werden und das Kind muss mit der bildhaften Anschauung seines Rechenbuches auskommen. Das reicht ihm bei weitem nicht aus und so versteht es trotz bestem Willen die Grundsätze der Mathematik nicht. Dies führt beim Kind und den Eltern bald zu Frustration und Verzweiflung.

Das Kind entwickelt „Hilfsstrategien"

Auch die Finger werden oft nicht mehr zum Rechnen zugelassen, obwohl in Ermangelung von sonstigem begreifbarem Material dies die einzige Möglichkeit wäre, die dem Kind Sicherheit geben könnte. Als kindliche Ausgleichsstrategie wird dann oft das heimliche Fingerzählen unter der Bank eingesetzt, eine Verschleierungstaktik, die sich das Kind zu eigen macht, und so die Neigung bekommt, auch Probleme, die mit dem Rechnen gar nichts zu tun haben, durch Unwahrhaftigkeit zu lösen.

Eine weitere Strategie besteht im Auswendiglernen. Das führt zwar zu einem erstaunlichen Gedächtnis, fördert aber nicht das Verstehen und hilft langfristig nicht weiter.

Der Wechsel auf die weiterführende Schule

So geschieht es dann meist, dass der Lehrer am Ende der vierten Klasse einen Wechsel in eine Schule befürwortet, die zur

Schwäche des Kindes passt. Er übersieht dabei, dass die überwiegenden und besseren Begabungen in anderen Bereichen dadurch ignoriert werden und dem Kind die Chance genommen wird, seine Stärken kennen zu lernen.

Grundschulempfehlungen, die am Ende der vierten Klasse für alle Kinder anstehen, werden im Allgemeinen nach diesem Beurteilungsprinzip ausgesprochen. Das heißt für rechenschwache Kinder: Sonderschule statt Hauptschule, Hauptschule statt Realschule, Realschule statt Gymnasium.

Seelische Belastungen

Nicht zu vernachlässigen sind die seelischen Belastungen, unter denen ein rechenschwaches Kind leidet. Schulkinder müssen oft große Mengen an Aufgaben bewältigen. Das erfordert viel Zeit. Das langsamer arbeitende rechenschwache Kind wird dabei überfordert; es bekommt durch den Zeitdruck Denkblockaden.

Zusätzlich wird es durch die Methodenvielfalt der meisten Rechenbücher verwirrt. Es verliert sein Selbstwertgefühl, weil es nie zu einem richtigen Rechenergebnis kommt. Auch wenn der Rechenweg richtig war, zählt das falsche Endergebnis. Es schämt sich, seine Schwäche zuzugeben, weil es die Hänseleien seiner Klassenkameraden fürchten muss.

Oft leitet der Lehrer von der Rechenschwäche eines Kindes Dummheit und Faulheit ab und stellt es gedankenlos immer wieder vor der Klasse bloß. Es bekommt Angst, Fehler zu machen, und traut sich schließlich überhaupt nicht mehr, etwas zu sagen. Weil es ständig getadelt wird, verliert es auch das Zutrauen zu seinen sonstigen besseren Fähigkeiten. Es kann schließlich in keinem Fach mehr gute Leistungen erbringen; es entwickelt sich zum Schulversager und leidet häufig an weiteren Ängsten.

Was versteht man unter Rechenschwäche?

Wir haben gesehen, welche Belastung eine Rechenschwäche für das betroffene Kind und seine Eltern ist und wie das Kind in seinem Schulleben beeinträchtigt wird. Doch was genau versteht man unter Rechenschwäche?

Jens-Holger Lorenz, Professor für Mathematik und Informatik an der PH Ludwigsburg, einer der wohl bekanntesten Didaktiker der Grundschulmathematik, hat eine Liste von 40 Begriffen zusammengestellt, die die Rechenschwäche und ihre vielen Aspekte definieren (Lorenz, 1993). Die geläufigsten Begriffe sind dabei zweifellos: Dyskalkulie und Arithmasthenie.

Dyskalkulie/Arithmasthenie

Beide Begriffe kennzeichnen bereits die wesentlichen Merkmale, die eine Rechenschwäche ausmachen.

Dyskalkulie

Dys-kalkulie enthält die Vorsilbe dys (aus dem Griechischen), das bedeutet: schwer, schwierig;
-kalkulie bezieht sich auf calculus (aus dem Lateinischen), calculus = Steinchen, Spielsteinchen, Rechensteinchen, d. h.: Man tut sich schwer mit Rechensteinchen.

Das rechenschwache Kind hat also Mühe, eine Rechenoperation durchzuführen. Diese beinhaltet schließlich nicht nur die konkrete Rechenhandlung mit konkretem Material, sondern es muss auch der Rechenweg im Kopf vollzogen werden: Im Kopf gilt es, die Erinnerung an eine bereits gelernte Handlung hervorzuholen und die geforderte Rechenhandlung zunächst in der Vorstellung zu planen, bevor die Umsetzung in das Handeln erfolgen kann.

Arithmasthenie

Der Begriff: Arithm-asthenie (aus dem Griechischen) enthält *arithmós* = Zahl, Menge und *asthénema* = Schwäche bzw. *asthéneia* = Körperschwäche, Armut.

Das rechenschwache Kind ist tatsächlich oft schwach, ja manchmal sogar krank, wenn es mit Zahlen konfrontiert wird: Es hat Kopfschmerzen, Bauchschmerzen, Übelkeit, Erbrechen, Schwindel.

Die Rechenschwäche: eine Zahlenschwäche

Genau genommen handelt es sich also um eine Zahlenschwäche. Diese beinhaltet nicht nur die psychosomatische Komponente, sondern weist auch auf eine Vorstellungsschwäche in Bezug auf Zahlen hin, die bedingt wird durch fehlende Erfahrungen mit der Erfassung von Zahlenmengen. Auffällig oft fehlt einem rechenschwachen Kind bereits die Mengenvorstellung im Zahlenraum bis 10. Erst recht sind die Vorstellungen im Zahlenraum bis 100 nur sehr vage, die bis 1000 gelingen gar nicht.

Begriffsklärung

Es handelt sich bei der Rechenschwäche nach allgemeiner Auffassung um eine Teilleistungsschwäche im mathematischen Bereich, die durch ein chronisches Versagen in Mathematik gekennzeichnet ist, während in anderen Fächern durchaus durchschnittliche bis sehr gute Leistungen gezeigt werden können. Sie äußert sich durch fehlendes mathematisches Begriffsvermögen, insbesondere mangelnde Vorstellung von Zahlen und Mengen sowie mangelndes Verständnis für Zahloperationen (vgl. Definition der IFRK).

Die Weltgesundheitsorganisation WHO hat in ihrer Klassifizierung die Rechenschwäche folgendermaßen definiert:

„Diese Störung beinhaltet eine umschriebene Beeinträchtigung von Rechenfertigkeiten, die nicht allein durch eine allgemeine Intelligenzminderung oder eine eindeutig unangemessene Beschulung erklärbar ist. Das Defizit betrifft die Beherrschung grundlegender Rechenfertigkeiten wie Addition, Subtraktion, Multiplikation und Division, weniger die höheren mathematischen Fertigkeiten, die für Algebra, Trigonometrie, Geometrie und Differential- sowie Integralrechnung benötigt werden."

Aus beiden Definitionen geht hervor:

Eine Rechenschwäche entsteht immer in der Grundschule beim Erlernen der elementaren Rechenfertigkeiten. In der Grundschule sollte sie auch behoben werden, damit in der weiterführenden Schule auf einem soliden Fundament weitergearbeitet werden kann.

In den höheren Klassen sind keine Schwierigkeiten bezüglich der höheren Mathematik zu erwarten, wenn die im Anfangsunterricht entstandenen elementaren Defizite ausgeglichen wurden. Da die Mathematik kontinuierlich auf den Elementarstoff aufbaut, ist dieser Ausgleich allerdings unerlässlich.

Konsequenzen aus der Begriffsklärung
Aus beiden Definitionen geht auch hervor, dass rechenschwache Kinder zu Unrecht für dumm oder faul gehalten werden;

denn in anderen Fächern beweisen sie durchaus ihre Intelligenz und auch ihr Leistungsvermögen.

Wird eine Rechenschwäche erst später erkannt, hat die Frustration meistens schon eine Sekundärsymptomatik eingeleitet: Die Demotivation greift auf das gesamte Leistungsspektrum über – das Kind zeigt auch in seinen starken Fächern keine Leistung mehr. Grundsätzlich muss die Förderung am Entwicklungsstand des Kindes, d. h. den Defiziten im Anfangsunterricht der Grundschule, anknüpfen. Je später eine Rechenschwäche erkannt wird, desto größer ist die Diskrepanz zwischen aktuellem Stoff und aufzuarbeitenden Grundlagen. Je später eine Intervention einsetzt, desto zeitaufwendiger und belastender wird sie für das betroffene Kind sein.

Die Ursachen einer Rechenschwäche

Eine Rechenschwäche kann ganz unterschiedliche Ursachen haben. Man spricht auch von einer multikausalen Lernstörung.

Eine multikausale Lernstörung

Die verschiedenen Ursachen der Rechenschwäche lassen sich in drei Bedingungsfelder fassen, die sich meist überlagern und das Kind auf vielfältige Weise beeinträchtigen (vgl. Schmassmann, 1995). Wir können diese sich überlappenden Ursachenfelder anhand folgender Grafik veranschaulichen:

Die Überschneidungen im Schaubild zeigen, dass diese drei Ursachenfelder in Wechselwirkung zueinander stehen. Eine

Intervention sollte daher immer alle drei Faktoren berücksichtigen. Allerdings müssen nicht immer alle Ursachenfelder beteiligt sein. So gibt es Kinder, die in allen Bereichen der Sinneswahrnehmung über hervorragende Fähigkeiten verfügen und dennoch an einer Rechenschwäche leiden. Ein solch monokausaler Ursprung kann z. B. eine belastende Familiensituation sein. Eltern, die in Scheidung leben, können für ein Kind schon Grund genug sein, eine Rechenschwäche zu entwickeln. Umgekehrt können wir immer wieder hervorragende Mathematiker mit Wahrnehmungsdefiziten antreffen, man denke nur an den britischen Professor für Mathematik und Physik, Stephen William Hawking, und seine bahnbrechenden theoretischen Arbeiten über den Ursprung und die Entwicklung des Kosmos. Stephen Hawking ist an einen Rollstuhl gebunden, kann nicht sprechen und verständigt sich mit seiner Umwelt über einen Computer.

Die Größe der einzelnen Kreis-Teilbereiche im Schaubild soll nicht auf die Häufigkeit des Auftretens von Rechenschwäche hinweisen, sondern ist rein schematisch zu verstehen.

Organisch-neurologische Ursachen

Vielen Rechenschwächen liegen, ebenso wie anderen Teilleistungsstörungen, angeborene funktionelle Störungen zugrunde. Diese Ursachen liegen also im Kind.

Die sog. primäre Dyskalkulie umfasst die körperlich bedingten, d. h. auf Hirnleistungsschwächen beruhenden, sog. neurogenen Rechenstörungen. Dazu zählen sowohl genetisch bedingte als auch perinatal (vor, während und/oder nach der Geburt) erworbene Ursachen sowie Beeinträchtigungen der Entwicklung in der frühen Kindheit.

Auslöser dieser organischen Ursachen können sein:

- Erbanlagen
- Alkohol, Medikamente, Drogen, Nikotin, Strahlenschädigungen während der Schwangerschaft
- Placenta-Insuffizienz während der Schwangerschaft, Übertragung des Kindes
- Infektionen der Mutter während der Schwangerschaft
- Sauerstoffmangel während der Geburt
- Absinken des Blutzuckerspiegels nach der Geburt
- fieberhafte Erkrankungen im frühen Kindesalter

Oft wird bei diesen Kindern die Diagnose MCD, ADS, POS gestellt. Alle drei Klassifizierungen weisen unter verschiedenem Blickwinkel auf ein und dieselbe Störung hin:

MCD – Minimale Cerebrale Dysfunktion
Hier wird der Blick auf eine minimale Funktionsstörung des Gehirns gerichtet. Sie ist meistens so winzig, dass keine Auffälligkeiten im EEG (Enzephalogramm) bestehen, d. h. bezüglich der Gehirnstrommessung keine Abweichungen von der Normalität festgestellt werden können. Ein guter Neurologe diagnostiziert aber dennoch in verschiedenen Bereichen der Sinneswahrnehmung für einen Laien oft nicht wahrnehmbare Defizite, die mit der minimalen Gehirnfunktionsstörung korrelieren.

ADS – Aufmerksamkeitsdefizitsyndrom
Diese Klassifizierung richtet sich auf die Auswirkungen der minimalen Gehirnstörung, die beinhaltet, dass ADS-Kinder nur über eine kurze Aufmerksamkeitsspanne verfügen, die es ihnen unmöglich macht, sich über längere Zeit einem Gegenstand konzentriert zuzuwenden. Diese Schwäche macht jeden Lernvorgang für sie zu einem schwierigen Unterfangen. Aufgrund einer Selektionsschwäche werden sie so von Reizen überflutet,

dass sie sich ständig mit höchster Konzentration um ihren Lerngegenstand bemühen müssen und infolgedessen auch schnell durch die ständige hohe Anspannung erschöpft sind.

POS – Psychoorganisches Syndrom

Diese Bezeichnung findet sich vor allem in medizinischer Literatur in der Schweiz. Mit dieser Definition werden vor allem die wechselseitigen Beziehungen zwischen kindlicher Psyche und dem kindlichen Organismus ins Auge gefasst, die bei einem POS-Kind beeinträchtigt sind. Das POS-Kind hat Schwierigkeiten, seine Wahrnehmungen in Einklang zu bringen, seine sensorische Integration zu vollziehen. Diese Unsicherheit hat natürlich Auswirkungen auf seine Psyche, was wiederum zurückwirkt auf seinen Umgang mit der Welt.

Auswirkungen auf die Rechenfähigkeit

Häufig finden sich bei diesen Störungen Wahrnehmungsstörungen im taktil-kinästhetischen, aber auch im auditiven, visuellen, grob- und feinmotorischen Bereich (siehe Seite 31 f.).

Hierdurch ergeben sich Defizite bei der Ausbildung der basalen kognitiven Fähigkeiten (den Grundlagen für das Gewinnen von Erkenntnissen, wie z. B. die Vorstellung, das Gedächtnis, siehe Seite 33 f.), die in der Schule Lernvoraussetzung sind, ebenso finden wir Lücken in den Vorkenntnissen zum Rechnen.

Psychische, emotionale, soziale Gründe

Zum zweiten Bedingungsfeld gehören die Ursachen, die die Umwelt mit sich bringt.

Die sog. sekundäre Dyskalkulie wird durch das Umfeld des Kindes (Familie, Freunde, Erzieher, Lehrer) ausgelöst und entsteht in der Psyche des Kindes.

Auslöser können sein:

- beengte Wohnverhältnisse
- überbehütende Erziehung / Vernachlässigung
- Erziehung zur Unselbstständigkeit
- Leistungsdruck
- Unsicherheit in Besitzfragen (z. B. durch Ungerechtigkeit beim Taschengeld)
- Trennungsängste (Partnerschaftsprobleme der Eltern)
- Negativerlebnisse, z. B. der Schamschock
- ungünstige Verhältnisse in der Schule (häufiger Lehrerwechsel und damit häufiger Wechsel von Unterrichtsstilen, zu große Klassen, Vernachlässigung des Rechnens zugunsten von Lesen und Schreiben, Misserfolgserlebnisse im Rechnen, mangelnde Kompetenz des Lehrers (didaktische Mängel), Beschämung durch Schüler, Eltern, Lehrer
- Überflutung durch körperferne Reize (akustisch, optisch)
- Mangel an körpernahen Reizen (taktil, kinästhetisch, vestibulär)

Didaktische Ursachen

Neben den neurologischen und umweltbedingten Ursachen einer Rechenschwäche gibt es noch die didaktischen Ursachen.

Bei diesem Ursachenkreis handelt es sich um Probleme der Vermittlung von Mathematik, also um Ursachen, die in der Schule liegen.

Lehr-Lernschwierigkeiten

Prof. Gerster (PH Freiburg) stellt in einem Positionspapier zur Rechenschwäche fest:

Lernschwierigkeiten von Schülern sind immer Lehr-Lernschwierigkeiten. Ein Schüler hat Lernschwierigkeiten, auch weil die Schule Lehrschwierigkeiten hat, d. h. oft nicht genü-

gend darauf eingerichtet ist, für die Lernfortschritte aller ihrer Klienten die Verantwortung zu übernehmen und den eigenen Anteil am Versagen von Schülern zu erkennen.

Im weiteren Verlauf heißt es:
Die Schwierigkeiten des Schülers lassen sich nicht allein auf Schwächen in der Person des Schülers zurückführen, sondern hängen zusammen mit der fehlenden Passung des Lernangebotes an den aktuellen Entwicklungsstand des Kindes, wodurch es daran gehindert wird, Beziehungen zu seinem bisherigen Wissen zu konstruieren und die Strukturen zu erkennen.
(Aus: Abaküs(s)chen 1/97; IFRK e.V. (Hrsg.))

Differenzierender Unterricht
An unseren Schulen fehlt es an einer Individualisierung und Differenzierung des Unterrichts. Schüler mit unterschiedlichem Entwicklungsstand zu unterrichten, ist sicher nicht immer einfach. Dennoch ist es unerlässlich, jeden einzelnen Schüler dort abzuholen, wo er steht. Ein offener Unterricht mit unterschiedlichen Lernangeboten macht es möglich, dass Schüler an ihren individuellen Lernstand anknüpfen können, dass sie in kleinen oder großen Schritten lernen können, entsprechend ihrer Begabung, ihren Neigungen, ihren Kenntnissen, ihren kognitiven Fähigkeiten.

In bestimmten Schulformen, wie Peter-Petersen-Schulen, Freinet-Schulen, Montessori-Schulen (Schulen, die vorrangig Sinnesmaterial einsetzen), wird oft nach diesem Modell gearbeitet – mit großem Erfolg für die Kinder.

Was kann man tun?

Nach einer Analyse der Bedingungen stellt sich die Frage, wie die Eltern weiter vorgehen können.

Organisch-neurologische Ursachen

Betrachtet man den organisch-neurologischen Ursachenkreis, so sind eine genaue Diagnostik und ggf. gezielte Übungen bzw. Therapie nötig (diagnostische Abklärung durch den Kinderarzt, den Facharzt, den Neuropädiater). Anschließend sollte ein Heilplan aufgestellt werden, der je nach Indikation in Form von Ergotherapie, Verhaltenstherapie, Logopädie, Sprachheilschule, psychomotorischer Bewegungstherapie u.v.m. durchgeführt wird (siehe auch Seite 112 ff.).

Leider kommt es häufig vor, dass in diesem Bereich zwar exakte Diagnosen gestellt werden, die z. B. auf Wahrnehmungsschwächen hinweisen (vgl. unser Fallbeispiel), dennoch aber daraus keine Konsequenzen gezogen werden, keine Behandlungsbedürftigkeit abgeleitet wird. Die Erfahrung lehrt uns jedoch, dass diese Probleme in den seltensten Fällen durch Zuwarten behoben werden. Eine fehlende Unterstützung und Therapie muss als unterlassene Hilfeleistung angesehen werden.

Umweltbedingte Faktoren

Sieht man die Ursachen für eine Rechenschwäche in der Umwelt des Kindes, dann sollte die Schule das Elterngespräch suchen, um gemeinsam die genaue Ursache zu finden. Unter Umständen ist der Einsatz schulischer Unterstützungssysteme sinnvoll: Schulpsychologen und Beratungslehrer sind für die Beratung ausgebildet (siehe auch Seite 96 ff.).

Didaktische Ursachen

Hier müssen das schulische Umfeld und die Didaktik überprüft werden, was auch wiederum vom Schulpsychologen oder Beratungslehrern geleistet werden kann. Glücklicherweise werden immer häufiger Grundschulpädagogen für die Rechenschwäche-Problematik sensibilisiert und sind dann auch bereit, ihre eigene didaktische Vorgehensweise diesbezüglich zu überdenken.

Erscheinungsformen der Rechenschwäche

Entsprechend den sich überlagernden, in ständiger Wechselbeziehung zueinander stehenden Verursachungsfaktoren (siehe Seite 22f.) sind auch die Erscheinungsbilder der Rechenschwäche vielfältig. Nicht immer lassen sie sich den Bedingungsfeldern genau zuordnen. Keine Rechenschwäche gleicht der anderen. Es gibt so viele verschiedene Rechenschwächen als es rechenschwache Kinder gibt. *(*Schilling/Prochinig, 1988) Im Folgenden soll eine Zuordnung versucht werden, um das Auffinden von Hilfsmaßnahmen zu erleichtern.

Probleme bei der Sinneswahrnehmung

Kinder, deren Sinneswahrnehmung in Teilbereichen oberflächlich, unvollständig oder gestört ist, verfügen nach Jean Ayres nicht über eine abgeschlossene Integration ihrer Sinne; d. h. die Eindrücke der verschiedenen Sinnesfunktionen stehen nicht im Einklang, sie vermitteln kein korrektes, realistisches Bild von der wahrgenommenen Welt und erlauben dadurch auch kein adäquates Reagieren.

Die Ursachen für diese Störung werden in diesem Fall zunächst im organisch-neurologischen Ursachenkreis vermutet, d. h. im Kind selbst. Erst in zweiter Linie kommt das soziale Umfeld in Frage: wenn nämlich einem Kind nicht die Gelegenheit gegeben wurde, seine Sinneswahrnehmung zu entwickeln.

Als entwicklungshemmend für die Sinneswahrnehmung sind allerdings viele Lebensumstände anzusehen, die die moderne Zeit mit sich bringt:

- Einschränkungen bei aktiven, bewegungsreichen Spielen in Städten oder beengten Wohnverhältnissen,
- Reduzierung von Spielangeboten in der Umwelt (welches Kind hat schon Gelegenheit, auf einen Baum zu klettern?),
- Ausweichen auf passive, konsumierende Erlebnisse mit Hilfe von Computer und Fernsehen,
- Überbehütung der Kinder durch die Eltern infolge der erhöhten Gefahren in der modernen Umwelt (Verkehr, technische Geräte etc.),
- Einschränkung der Handlungsfähigkeit der Kinder infolge von Perfektionismus der Eltern, die ihren Kindern die Ausführung manch einer Handlung nicht zutrauen.

Halten wir fest

Wahrnehmungsschwächen infolge neurologischer und / oder umweltbedingter Ursachen stehen oft in Verbindung mit einer Rechenschwäche.

Auf diesen Zusammenhang wird sowohl in der Fachliteratur (vgl. Jean Ayres, Lislott Ruf-Bächtiger, Ingeborg Milz) wie auch in Elternberichten hingewiesen. Monika Malchau (1986) beschreibt, wie sich diese Probleme vom Kleinkind bis zum Schulkind in der Entwicklung eines wahrnehmungsgestörten Kleinkindes zu einem rechenschwachen Schulkind äußern:

Weil es sich auf seine Sinne nicht verlassen konnte, hatte es als Baby keinen Gefallen daran gehabt, mit dem Mund die Oberfläche, Struktur und Form seiner Spielsachen zu erforschen, es überging die Phase des Krabbelns und es versäumte dabei, aus der Sicht des Vierfüßlers die Dimension seiner Umgebung zu erforschen. Das Kind schaffte es mit zwei Jahren nicht, unter einem Stuhl durchzukrabbeln, ohne sich den Kopf zu stoßen, einen stabilen Turm zu bauen oder für eine Dose den dazugehörigen Deckel zu finden und sie damit zu verschließen. Mit drei Jahren fand es keinen Weg, ein Spielzeug aus dem obersten Schrankfach zu holen oder ein kleines Brot in eine kleine Tüte und ein großes Brot in eine große Tüte zu packen. Als Vierjähriges merkte es nicht, dass sein Bruder ihm von seinen fünf Bonbons eines weggenommen hatte, und glaubte, mit einem DIN-A4-Bogen einen Schuhkarton einwickeln zu können. Mit fünf Jahren malte es sich noch selbst als Kopffüßler ohne Finger und sagte zu „neulich" „gestern". Noch mit sechs Jahren übersprang es beim Abzählen einige Gegenstände und zählte andere doppelt. Mit sieben Jahren kam es zur Schule und konnte sich nicht merken, dass (+) ein Zeichen für „dazutun" und (-) ein Zeichen für „wegnehmen" ist. Als es acht Jahre alt war, wurde eine Rechenschwäche bei ihm festgestellt.

Häufige Wahrnehmungsstörungen bei Rechenschwäche

Im Folgenden wird eine Übersicht über die am häufigsten im Zusammenhang mit Rechenschwäche zitierten Wahrnehmungsstörungen gegeben. Die möglichen Auswirkungen auf die Rechenfähigkeit werden auf den Seiten 35 ff. beschrieben.

Störung der taktil-kinästhetischen Wahrnehmung

Der taktile Sinn ist der Berührungssinn; die Wahrnehmung erfolgt über die Haut. Hier findet man sowohl Überempfindlichkeiten, d. h. schon leichte Berührungen werden als schmerzhaft empfunden, als auch Unterempfindlichkeiten: Schmerz wird kaum wahrgenommen, die Körpergrenzen sind nicht bewusst, was zu Distanzlosigkeit auch im sozialen Bereich führt.

Der kinästhetische Sinn bezieht sich auf die Fähigkeit, aus der Bewegung Informationen zur Orientierung zu beziehen. Die Wahrnehmung erfolgt dabei über Muskeln und Gelenke. Ist dieser Sinn gestört, so haben Kinder keine richtige Vorstellung von ihrem Körperschema (Bewusstsein der Körperteile). Dabei werden Teile des eigenen Körpers nicht erkannt, beim Zeichnen eines Selbstbildes entstehen falsche Proportionen, und/oder Körperteile werden falsch angeordnet. Begriffe wie: oben/unten, links/rechts, vorn/hinten werden nicht verstanden.

Außerdem können gezielte Bewegungen nur mit Mühe ausgeführt werden: Beim Malen wird der Stift verkrampft gehalten, der nötige Druck kann nicht abgeschätzt, Begrenzungslinien nicht eingehalten werden.

Störung der vestibulären Wahrnehmung

Die vestibuläre Wahrnehmung ist der Gleichgewichtssinn; die Wahrnehmung erfolgt hier über das Ohr. Bei einer Überempfindlichkeit sind Bewegungen wie Schaukeln, Klettern oder Balancieren erschwert. Infolge des daraus resultierenden Übungsmangels entwickelt sich oft eine Bewegungsunsicherheit und allgemeine Ungeschicklichkeit.

Bei einer Unterempfindlichkeit besteht ein dauernder Drang nach Bewegungsreizen, ohne ein ausreichendes Abschätzungsvermögen; dies führt zu unkoordinierten Bewegungsabläufen und Verletzungsgefahr.

Störung der visuellen in Verbindung mit der kinästhetischen und taktilen Wahrnehmung
Die visuo-motorische Koordination

Der visuelle Sinn ist der Gesichtssinn; die Wahrnehmung erfolgt über das Auge. Die visuo-motorische Koordination beinhaltet eine Abstimmung zwischen Auge und Bewegungsorgan, z. B. zwischen Auge und Hand. Die Hand wird beim Handeln von den

Augen begleitet. Ist das Zusammenspiel gestört, ergeben sich Ungenauigkeiten bei Handlungsabläufen, z. B. Fehlgriffe beim Greifen, wie fehlerhaftes Ausschneiden, mangelhaftes Zuwerfen beim Ballspiel, Ungeschicklichkeit beim Perlenfädeln. Ist die visuo-motorische Koordination erschwert, bekommen die Kinder ihr Anschauungsmaterial nicht in den Griff und sind daher auf den optischen Eindruck allein angewiesen.

Die Figur-Grund-Wahrnehmung

Taktiles Erfassen und Abtasten mit dem Auge sind Voraussetzung für die Figur-Grund-Differenzierung. Bei einer Störung wird eine Form nicht auf einem Hintergrund wahrgenommen, kann nicht von seiner Umgebung abgehoben werden; das führt zu einem Mangel bei der Formerfassung und Selektion.

Die Wahrnehmungskonstanz

Das Wiedererkennen von Gegenständen unter verschiedenen Blickwinkeln nennt man Wahrnehmungskonstanz. Voraussetzung ist eine gute Ausbildung der Basiswahrnehmungen, d. h. Figur-Grund-Differenzierung und Auge-Hand-Koordination.

Die Raum-Lage-Wahrnehmung

Als Voraussetzung für die Wahrnehmung der Lage im Raum muss die Wahrnehmung der Seitigkeit ausgebildet sein. Durch Auseinandersetzung des Gleichgewichtssinns mit der Schwerkraft bildet sich auch das innere Bewusstsein für zwei verschiedene Körperhälften, die Seitigkeit, heraus. Erst dann kann ein Bezugssystem für räumliche Relationen entwickelt werden.

Defizite in den kognitiven Fähigkeiten

Wie hängen nun die beschriebenen Wahrnehmungsstörungen mit der Rechenschwäche zusammen? Warum soll ein Kind nicht rechnen können, nur weil es Probleme mit bestimmten motorischen Verrichtungen hat? Doch Defizite in den beschriebenen basalen Funktionen der Sinneswahrnehmung beeinträchtigen im Allgemeinen auch die kognitiven Fähigkeiten, die in der Schule als Lernvoraussetzung dienen.

Unter basalen Funktionen versteht man die Grundfunktionen unserer Sinneswahrnehmung, die im Wesentlichen das Sehen, Hören, Riechen Schmecken, Fühlen, Bewegung-Spüren betreffen. Unter kognitiven Fähigkeiten versteht man die eher geistigen Fähigkeiten, Erkenntnisse von der Welt zu bekommen; sie betreffen das Denken, das Planen, die Vorstellung, das Lernen, die Erinnerung, das Gedächtnis und auch die Rechenfähigkeit. Beide Bereiche hängen eng miteinander zusammen.

Auswirkungen von Wahrnehmungsstörungen auf die kognitiven Fähigkeiten im Mathematikunterricht

Störungen der taktil-kinästhetischen Wahrnehmung

Infolge der Seitigkeits-Problematik ist die Richtungs-Orientierung am Zahlenstrahl erschwert. Es bestehen Probleme bei der Serialität: Einhalten einer Reihenfolge, Probleme bei der Vorgänger- und Nachfolger-Bestimmung.

Störungen der Auge-Hand-Koordination

Da oft der optische Eindruck ausreichen muss, das Auge aber nur eine begrenzte Anzahl (ca. vier Elemente) mit einem Blick erfassen kann, ist die simultane Mengenerfassung erschwert, ebenso die Gliederung von Mengen im Zahlenraum bis 10, das Finden von Partnerzahlen, die Zehnerüberschreitung.

Störungen der Figur-Grund-Wahrnehmung

Eine erschwerte Erfassung von Formen beeinträchtigt das handelnde Rechnen beim Auswählen und Auslegen von Anschauungsmaterial, das Erkennen von Ziffern bei mehrstelligen Zahlen. Eine erschwerte Erfassung von Symbolen beeinträchtigt ebenso das Operieren: Das (x)-Zeichen wird gern mit dem (+)-Zeichen verwechselt.

Störungen der Wahrnehmungskonstanz

Bei fehlender Erfahrung mit der Wahrnehmungskonstanz ist auch die Invarianzerfassung erschwert. Unter Invarianz versteht man das Gleichbleiben von Mengen auch bei verschiedener Anordnung der Teile (Flüssigkeiten, die von einem flachen in ein hohes Gefäß umgefüllt werden, bleiben in ihrem Volumen konstant, optisch entsteht der Eindruck, es sei mehr geworden). Im Mathematikunterricht wird der Invarianzbegriff vorausgesetzt, wenn die Erhaltung der Zahl verstanden werden soll.

Störungen der Raum-Lage-Wahrnehmung

Bei fehlerhafter Wahrnehmung von räumlichen Beziehungen ist die Vorstellung von Qualitäten wie: nah/fern, kurz/lang, oben/unten erschwert, ebenso das vergleichende Erfassen von zeitlichen Beziehungen. Auch räumliche Beziehungen von Objekten werden nicht verstanden, z. B. Begriffe wie: mehr/weniger, größer/kleiner, gleich/ungleich.

Typische Rechenprobleme

So unterschiedlich sich die Rechenschwäche im Einzelfall äußert, etwas haben alle rechenschwachen Kinder gemeinsam: Sie haben Schwierigkeiten im Umgang mit der Zahl und der Rechenoperation (vgl. unsere Eingangsdefinition). Diese Schwierigkeiten weisen im kognitiven Bereich auf eine erschwerte Vorstellungsfähigkeit im mathematischen Bereich.

Wie dieser Mangel im Mathematikunterricht der Grundschule in Erscheinung tritt, soll die folgende Übersicht über typische Rechenprobleme zeigen.

Defizite im Umgang mit der Zahl

Zahlenschreiben und Zahlenlesen

Beim Zahlenschreiben und Zahlenlesen spielt die Schreib- und Leserichtung eine große Rolle. Schwierigkeiten entstehen vor allem im Zehner-Einer-Bereich, weil in der deutschen Sprache (abweichend von anderen Sprachen) die Einer zuerst genannt, die Zehner aber zuerst geschrieben werden. Wir sprechen dreiundzwanzig, schreiben aber zuerst die 2 und dann die 3.

Rechenschwache Kinder machen gern folgende Fehler:

- Einzelne Ziffern werden seitenverkehrt geschrieben: Aus der 3 wird ein Schreibschrift-E.
- Zahlen werden verdreht: aus 32 wird 23. Die Schreibung richtet sich nach der Sprechweise.
- Zahlen werden lautgetreu geschrieben: 800090011 statt 8911.
- Zahlen, die sich in der Form ähnlich sind, werden verwechselt: 9/6; 8/3; 6/8.

Zahlvorstellung

Viele Kinder können schon zählen, wenn sie in die Schule kommen. Oft können sie aber die beiden verschiedenen Aspekte, unter denen eine Zahl angeschaut werden muss, den der Kardinalzahl und den der Ordnungszahl, nicht auseinander halten. Sie kennen die Zahlen in ihrer Reihenfolge, nicht aber die Zahlen als Mengensymbole.

Rechenschwache Kinder machen daher folgende Fehler:

- Die Kardinalzahl wird benutzt, ohne mit der Menge, die sie darstellt, in Verbindung gebracht zu werden. Es fehlt die Vorstellung von der Mächtigkeit.
- Zahlen im Zahlenbereich bis 4 oder 5 können nicht simultan erfasst werden.

- Ebenso können Zahlen im Bereich bis 10 nicht gegliedert abgerufen werden, z. B.: 6 = 1 + 5; 2 + 4; 3 + 3; 4 + 2; 5 + 1.
- Partnerzahlen, Ergänzungszahlen zur 10 werden nicht spontan gefunden: 5/5; 2/8; 4/6.

Zahlenreihe

Wenn Kinder nicht zählen können, haben sie oft auch Schwierigkeiten, einen Rhythmus einzuhalten. In schweren Fällen von Rechenschwäche werden Fehler bereits beim

- Vorwärtszählen gemacht, besonders aber beim
- Rückwärtszählen;
- Weiterzählen ab einer zweistelligen Zahl ist nicht möglich,
- Vorgänger und Nachfolger sind – besonders von zweistelligen Zahlen – nicht bestimmbar.
- Zahlen werden benutzt, ohne mit der Position im Zahlenraum verknüpft zu werden.

Stellenwertsystem

Für Kinder, die den Aufbau des Zehnersystems nicht verstanden haben, bleibt auch das Stellenwertsystem rätselhaft. Sie begreifen nicht, dass Ziffern, je nach ihrer Stellung im System eine unterschiedliche Wertigkeit haben.

Hieraus ergeben sich folgende Probleme:

- Bestimmung von Nachbarzahlen fällt schwer (besonders bei Überschreitung eines Zehners).
- Der Zehner-, Hunderter-, Tausenderübergang (möglicher Fehler: 199 + 1 = 1000) macht Probleme und auch die
- Bestimmung von Nachbarzahlen bei Hunderterübergang.
- Analogieschlüsse: 3 + 4 = 7; 13 + 14 = 27 können nicht vollzogen werden.
- Das Rechnen mit der Null führt zu vielen Fehlern. Die Null wird mit „nichts" gleichgesetzt entsprechend der um-

gangssprachlichen Bedeutung. Die Bedeutung der Null als Leerstelle oder Platzhalter wird nicht verstanden.

- Bei mehrstelligen Zahlen werden Ziffern verdreht. Dies verweist u. U. nicht nur auf Probleme mit der Seitigkeit, sondern auch auf fehlendes Verständnis des Stellenwerts.
- Mit Ziffern verschiedener Stellenwerte wird rein willkürlich gerechnet; dies ist Ausdruck einer Verzweiflungsstrategie.

Defizite im Umgang mit Rechenoperationen

Wir wissen, dass rechenschwache Kinder im Umgang mit Zahlen bereits Schwierigkeiten haben können, wenn sie Zahlenmengen mit Hilfe von Veranschaulichungsmaterial (Stäbchen, Plättchen, Perlen etc.) erfassen sollen. Die Schwierigkeiten nehmen zu, wenn die konkrete Ebene verlassen wird. Dies lässt auf eine Schwäche schließen, innere Bilder zu produzieren, d. h. die jeweilige Zahl in der Vorstellung mit dem jeweiligen Zahlenbild, das an Hand von konkretem Material eingeprägt wurde, zu verknüpfen. Dieses Erfassen von statischen Bildern ist vergleichbar mit der Projektion von Diapositiven.

Die Schwierigkeiten werden schnell größer, wenn ein konkreter Handlungsablauf auf einmal im Kopf stattfinden soll. Das bedeutet, dass die bisher statischen Zahlenbilder in der Vorstellung auch noch verändert werden sollen, indem mit ihnen in einer vorgegebenen Weise – die durch Operationszeichen (plus, minus, mal, geteilt) bestimmt wird – gehandelt wird. Die Zahlenbilder müssen dabei nach bestimmten Regeln verändert werden – in der Vorstellung muss ein Film entstehen:

- Die Addition erfordert, dass zu einem vorgestellten Zahlenmengenbild ein weiteres hinzugedacht wird; beide zusammen müssen anschließend verglichen werden mit allen in der Erinnerung zur Verfügung stehenden Vorstellungsbildern, um herauszufinden, welchem die im Kopf zusammengefügten (zusammengedachten) Bilder gleichen.

- Bei der Subtraktion muss von einem Zahlen- (d. h. Mengen-)bild eine bestimmte Zahl (Menge) weggenommen und wiederum verglichen werden.
- Bei der Multiplikation wird zu einer definierten Ausgangszahl (Menge) die gleiche Zahl (Menge) mehrmals hinzugetan – und wieder wird verglichen. Es handelt sich um die Vereinfachung einer mehrmaligen Addition.
- Bei der Division wird von einer definierten Ausgangszahl die gleiche Zahl mehrmals weggenommen und verglichen. Es handelt sich um die Vereinfachung einer mehrmaligen Subtraktion.

Kompensationsstrategien

Wen wundert es, wenn bei diesen komplizierten und im Kopf stattfindenden Verfahrensweisen ein rechenschwaches Kind verunsichert wird und nach Möglichkeiten sucht, die ihm Sicherheit geben. Folgende Ausweichstrategien werden vorzugsweise von rechenschwachen Kindern angewendet:

Zählendes Rechnen

Alle Rechenoperationen werden durch Abzählen gelöst, ein Verfahren, das bei größeren Zahlen sehr zeitaufwendig und fehleranfällig ist. Oft werden dabei die Finger zu Hilfe genommen. Gezählt wird nach dem Weiterzählverfahren (das Kind beginnt bei der Ausgangszahl zu zählen und zählt dann weiter), was sehr oft ein Verrechnen um 1 (Plus-1-Fehler, Minus-1-Fehler) zur Folge hat. Wenn es ganz sichergehen will, wird das Alles-Zähl-Verfahren benutzt: Zunächst wird die Ausgangszahl gezählt und im Anschluss die durch die Rechenhandlung hinzugekommene Zahl.

Reichen die Finger nicht mehr aus, werden als Hilfsmittel gern auch Striche oder Punkte eingesetzt. Dieses „Kleben" an Hilfsmitteln wird auch Konkretismus genannt.

Schreibweise der Rechenaufgaben

Besondere Schwierigkeiten tauchen auf, wenn Rechenaufgaben horizontal nebeneinander geschrieben werden:

$$5 + 13 = ? \qquad \text{statt:} \qquad \begin{array}{r} 5 \\ +\ 13 \\ \hline =\ ? \end{array}$$

Diese horizontale Schreibweise findet sich vorzugsweise in deutschen Schulbüchern und macht rechenschwachen Kindern das Leben unnötig schwer. Als Kompensation werden von den Kindern oft die Aufgaben heimlich untereinander geschrieben.

Auswendiglernen

Wenn die Bedeutung der Rechenhandlung verborgen bleibt, werden Operationen, ja ganze Operationsketten, einfach auswendig gelernt. Allerdings kann es dabei schon mal vorkommen, dass Operationszeichen verwechselt werden oder die richtige Reihenfolge nicht eingehalten wird:

$$1 = 1 + 2 \quad \text{statt} \quad 1 + 1 = 2$$

Verständnisschwierigkeiten aufgrund didaktischer Fehler

Besonders das Gleichheitszeichen wird oft nicht verstanden. Im Unterricht der Grundschule wird das Vergleichen – wenn überhaupt mit Material handelnd gerechnet wird – oft weggelassen.

Bei der Aufgabe $3 + 4 = 7$ werden beispielsweise 4 Steckwürfel mit 3 Steckwürfeln verbunden. Anschließend werden dieselben Steckwürfel betrachtet und es wird festgestellt:
    Das **sind** 7 (der Vergleich mit einer separaten Reihe von 7 Steckwürfeln unterbleibt).

Textaufgaben

Einen Stolperstein besonderer Art bildet die Textaufgabe. Besonders wenn eine solche Aufgabe aus einem Erfahrungsbereich stammt, der dem Kind nicht vertraut ist, hat es Schwierigkeiten, aus dem Text die darin enthaltene Rechenhandlung herauszukristallisieren. Auch wenn räumliche oder zeitliche Beziehungen im Text enthalten sind oder ein Abschätzen von Größen, Maßen und Mengen gefordert wird, bekommt das rechenschwache Kind oft Probleme. Es neigt dann dazu, vorschnell einen Rechenweg einzuschlagen, der ihm gerade in den Sinn kommt, damit es die Aufgabe möglichst schnell hinter sich bringt. Darum ist es erforderlich, dass das Kind genau den Sinn der Fragestellung erkennt.

Wie rechnet das Kind?

Bereits die Tatsache, dass man die Fehler, die rechenschwache Kinder machen, typisieren kann, zeigt, dass sie durchaus „mit System" rechnen. Die Fehler, die von rechenschwachen Kindern gemacht werden, sind oft keine dummen Fehler, sondern weisen auf durchaus richtige Denkstrategien hin. Oft stimmen sie nur in einem Punkt nicht, aber das Gesamtergebnis ist eben falsch.

Wer die Denkweise eines rechenschwachen Kindes verstehen will, sollte sich von ihm seine individuelle Vorgehensweise beim Rechnen erklären lassen: Durch die „Methode des lauten Denkens" kommt man passenden und unpassenden Rechenwegen auf die Spur.

Beispiel:

Lisa soll 38 von 54 abziehen.
Lisa schreibt die Zahlen richtig untereinander: Als Ergebnis erhält sie 24.

$$\begin{array}{r} 54 \\ -\ 38 \\ \hline 24 \end{array}$$

Wie ist Lisa zu diesem Ergebnis gekommen?

Lisa hat ganz richtig bei den Einern angefangen. Nur stellte sie fest, dass die 8 nicht von der 4 abgezogen werden kann. Also musste sie die Zahlen umdrehen: Sie zog die 4 von der 8 ab.

Bei den Zehnerzahlen musste sie nichts umdrehen: Sie zog ganz richtig die untere von der oberen Zahl, die 3 von der 5 ab. Hätte Lisas Aufgabe 58 – 34 gelautet, wäre ihre Rechenstrategie *ganz* richtig gewesen und das Endergebnis korrekt.

Wie rechnen rechenschwache Kinder sonst noch?

Im Folgenden sind Aufgaben rechenschwacher Kinder dargestellt. Um dem Leser die Möglichkeit zu geben, die Denkweise des Kindes selbst herauszufinden, erfolgt die Fehlerklassifizierung erst im nachfolgenden Absatz.

1. $7 + 6 = 12$
2. $8 + 6 = 15$
3. $6 \times 60 = 366$
4. $2508 + 437 = 6815$
5. $12 + 3 = 51$
6. $15 + 3 = 71$
7. $17 + 4 = 74$
8. $4 \times 4 = 14$
9. $60 - 21 = 40$
10. $13 + 34 = 56$
11. $28 + 12 = 13$

12. $$\begin{array}{r} 564 \\ -\ 326 \\ \hline =\ 138 \end{array}$$

13. $$\begin{array}{r} 634 \\ -\ 218 \\ \hline =\ 326 \end{array}$$

Die folgenden Denkstrategien wurden angewandt:

Zu 1:   Das Kind rechnet zählend. Es beginnt beim ersten Summanden und zählt diese Ausgangszahl mit: Das Ergebnis ist um 1 zu niedrig – der sog. Minus-1-Fehler.

Zu 2:   Falsche Zähltechnik: Das Kind „stolpert" über das Gleichheitszeichen, zählt 1 dazu: Das Ergebnis ist um 1 zu hoch – der sog. Plus-1-Fehler.

Zu 3:   Fehler mit der Null: Es wird gerechnet 6 x 6 = 360 und 6 x 0 = 6, zusammen 366.

Zu 4:   Die Addition wird vorn begonnen und ohne Rücksicht auf den Stellenwert wird zusammengezählt.

Zu 5:   Es wird zunächst richtig gerechnet, dann werden aber die Ziffern vertauscht.

Zu 6:   Die Ausgangszahl wird beim Abzählen mitgezählt: Das Ergebnis ist um 1 zu niedrig, anschließend werden die Ziffern vertauscht.

Zu 7:   Die Ziffern der Aufgabe werden für die Lösung eingesetzt, das Kind hält an denselben Ziffern fest: der sog. Perseverationsfehler.

Zu 8:   Falsche Analogiebildung:
aus   5 x 5 = 25
und   6 x 6 = 36   wird abgeleitet: 4 x 4 = 14.

Zu 9:   Fehler mit der Null: Von Null kann man nichts wegnehmen.

Zu 10: Die Ziffern werden willkürlich zusammengezählt ohne Rücksicht auf den Stellenwert.

Zu 11: Die Ziffern werden nacheinander aufaddiert (Quersumme).

Zu 12: Der Übertrag wird immer angewendet, obwohl es beim Hunderter keinen gibt.

Zu 13: Falsche Schreibweise: Die Übertragszahl wird vor die Zehnerzahl geschrieben und beim Hunderter berechnet.

Verhaltensauffälligkeiten

Rechenschwache Kinder sind sich ihrer Schwäche im Allgemeinen durchaus bewusst, auch wenn sie dies nicht zugeben wollen. Und sie leiden unter ihrem Unvermögen. Je intelligenter sie sind, desto größer ist auch der Leidensdruck, wenn sie ihre Unzulänglichkeiten im Mathematikunterricht durch die Wahrnehmung der Unterschiede zu ihren gleichaltrigen Klassenkameraden leidvoll erfahren müssen. Schwierigkeiten im emotionalen Bereich lassen daher nicht auf sich warten.

Die ständigen Misserfolge im mathematischen Bereich beeinträchtigen das Lern- und Leistungsverhalten insgesamt: Die Leistungen lassen in allen Fächern nach, Depressivität, Schulunlust, sogar Schulangst sind die Folge. Verhaltensauffälligkeiten und psychosomatische Beschwerden treten auf. Das Selbstwertgefühl wird immer mehr beeinträchtigt, nicht selten folgen Suizidgedanken.

Die Kinder klagen zunehmend über Kopfschmerzen, Bauchschmerzen oder sonstige psychosomatische Störungen. In der Schule neigen sie zu Aggressionen oder Clownerien, sie können sich nicht konzentrieren. Sie entwickeln eine Hyperaktivität oder ein Phlegma, stehen unter Stress und haben dadurch Gedächtnisprobleme. Für die Hausaufgaben, die nur mit hohem Zeitaufwand bewältigt werden, brauchen sie ständig eine Hilfsperson. Sie arbeiten rein mechanisch und extrem langsam, bevorzugen schriftliche Verfahren auch bei einfachsten Rechnungen oder versuchen den Rechenweg durch zielloses Raten zu finden. Das Einmaleins, manchmal auch das Einspluseins, wird oft aufgesagt wie ein Gedicht, ohne Verständnis der Operation.

Wird ein Kind in dieser Weise auffällig, ist dringend Hilfe, d. h. fachkundige Unterstützung, erforderlich.

Förderung des Kindes durch handlungsbezogenes Lernen

Die Lernausgangslage

Trotz der unterschiedlichen Erscheinungsformen der Rechenschwäche haben alle rechenschwachen Kinder eines gemeinsam: Sie tun sich schwer, vor ihrem geistigen Auge Bilder (Mengenbilder, Zahlenbilder, Bilder von konkreten Materialien) zu erzeugen, mit denen sie vorausschauend und erinnernd handeln sollen, an denen sie Rechenhandlungen vornehmen sollen. Die Vorstellung einer Handlung mit konkreten Gegenständen im Kopf gelingt ihnen nicht. Erst recht gelingt es ihnen nicht, die dreidimensionale Vorstellung von Bildern, die vor dem inneren Auge wie ein Film ablaufen soll, auf die zweidimensionale Ebene, nämlich das Papier, zu übertragen, geschweige denn eine weitere Abstraktion, die Umformung in Zeichen und Symbole (Zahlen und Rechenzeichen) vorzunehmen.

Für alle Kinder gilt nach den beiden bedeutenden Pädagogen Piaget und Bruner, dass im Grundschulalter zwar konkret-bildhafte Vorstellungen möglich sind, Zeichen und Symbole aber noch nicht verstanden werden (siehe Tabelle auf Seite 46).

Rechenschwache Kinder haben auch mit der konkret-bildhaften Anschauungsform oft noch Schwierigkeiten und sind daher gezwungen, ihr Verständnis, ihre Einsicht durch konkretes Handeln zu gewinnen. Sie sind daher verzweifelt, wenn man sie nicht handelnd lernen lässt.

Entwicklungsstufen nach Piaget / Bruner

Alter	Piaget	Bruner
2–6 Jahre	**Präoperatorisches Stadium** Konkrete Handlung Unmittelbare Anschauung	**Enaktive Darstellung** Erkennen durch Handeln
7–11 Jahre	**Konkret- operatorisches Stadium** Konkrete Vorstellung	**Ikonische Darstellung** Erkennen durch bildhafte Vorstellung
Ab 12 Jahre	**Formalopera- torisches Stadium** Formal-abstrakt	**Symbolische Darstellung** Erkennen durch Zeichen oder Sprache

(Aus: Die Entwicklung des Zahlenbegriffs beim Kinde, 1972)

Die Lernbiologie

Nach neueren Erkenntnissen der Lernbiologie ist das handelnde Lernen für *alle* Kinder eine besonders effektive Lernform.

Wir behalten im Gedächtnis:
10 % von dem, was wir lesen,
20 % von dem, was wir hören,
30 % von dem, was wir sehen,
50 % von dem, was wir hören und sehen,
70 % von dem, was wir selbst sagen,
90 % von dem, was wir selbst tun.
(Spinola/Peschanel, 1992)

Handelndes Lernen

Schon die große italienische Pädagogin Maria Montessori hat ihre Didaktik – aufgrund ihrer eigenen Erfahrung und Intuition – auf dieses handlungsbezogene Lernen ausgerichtet. Für sie bildete die Bitte eines jeden Kindes:

Hilf mir, es selbst zu tun

die Grundlage ihres pädagogischen Vorgehens. Demgemäß maß sie der Lernumgebung des Kindes, den Handlungsmaterialien, über die ein Kind beim Lernen verfügen sollte, einen ungeheuer großen Stellenwert bei und entwickelte die bekannten Montessori-Lernmaterialien, mit denen heute in allen Montessori-Schulen, aber auch in vielen staatlichen Grundschulen gearbeitet wird. Montessoris Leitsätze gelten noch immer als Basis für viele modernere Ansätze handlungsbezogenen Lernens.

Das Veranschaulichungsmaterial
Allgemein gilt:

Will man im mathematischen Anfangsunterricht der Grundschule Rechenschwächen vorbeugen oder bei bereits vorhandenen Rechenschwierigkeiten Fördermaßnahmen ergreifen, so ist es wichtig, ein für das betroffene Kind geeignetes Anschauungsmittel zu finden, das es ihm ermöglicht, seinen Weg zur Mathematik ausfindig zu machen, und das geeignet ist, ihm Verständnis für Zahlen und Einsicht in Rechenoperationen zu vermitteln.

Im Folgenden sollen Vorbeuge- und Fördermaßnahmen in Form von Arbeitsmaterialien und Übungsmöglichkeiten vorgestellt werden. Welche Möglichkeiten für welches Kind geeignet sind, muss jeweils individuell herausgefunden werden.

Mathematik zum Anfassen: die Cuisenaire-Stäbe

George Cuisenaire war ein belgischer Dorfschullehrer, der um 1930 die nach ihm benannten Rechenstäbe erfand. Seine Kinder fielen in den weiterführenden Schulen auf, weil sie beim Rechnen ihre Klassenkameraden, die aus anderen Grundschulen stammten, deutlich übertrafen. Als man herausfand, dass dafür wohl die von Cuisenaire in seinem Unterricht eingesetzten Rechenstäbe verantwortlich sein mussten, wurde die in der Folgezeit immer größer werdende Popularität dieses Anschauungsmaterials begründet. Dieses Lernmittel wird heute teilweise im Grundschulunterricht wieder eingesetzt.

Das handelnde Lernen mit Hilfe von Cuisenaire-Stäben vertritt in überzeugender Weise der Grundschulrektor und Montessori-Pädagoge Erich Hammer. Nach seiner jahrzehntelangen Erfahrung mit den Stäben im Grundschulunterricht stellte er fest, dass „mit Hilfe der Cuisenaire-Stäbe jede in der Grundschule vorkommende Rechenart und die dazugehörenden schriftlichen Verfahren einfach und schnell ausgelegt und das Ergebnis sicher ermittelt bzw. abgelesen werden kann, da das Ergebnis in der Regel gemessen und nicht gezählt wird. Daher können kaum Zählfehler bei der Ergebnisermittlung auftreten." (Statt mit Hilfe der Stäbe kann das Ergebnis an einem Lineal oder Meterstab abgelesen werden.) Auch die Kinder arbeiten durchweg gerne mit diesem Material. Erich Hammer hat nach seiner Aussage eine Rechenschwäche im eigentlichen Sinne, d. h. eine normale Begabung, aber schlechte bis unzureichende Mathematikleistungen, in seiner langen Lehrertätigkeit in seinen Klassen nie erlebt. Daher schlussfolgert er: „Ein halbwegs gekonnter Einsatz dieses optimalen Rechenhilfsmittels, verbunden mit hinreichender Übung der einzelnen Rechenschritte, lässt die Rechenschwäche nicht aufkommen. Potentiell rechenschwache Kinder konnten mit diesem Material tragfähige mathematische Vorstellungen entwickeln, so dass ihre Anlage nicht zum Tragen kam." (Hammer, 1997)

Auch Eltern und Lehrer, die auf Anregung der IFRK in der Folgezeit bei der Förderung von rechenschwachen Kindern Erfahrungen mit den Cuisenaire-Stäben machten, gaben positive Rückmeldungen von zum Teil verblüffend schnellen Lernerfolgen sowohl bezüglich der mathematischen Einsicht in Rechenoperationen als auch beim Zahlenverständnis.

Im Folgenden wird die Arbeitsweise mit den Cuisenaire-Stäben kurz vorgestellt. (Vgl. Hammer, 1998)

Das Material

Das Lernmaterial ist einfach:

Es gibt Würfel, Stäbe und Platten, die aus verschiedenfarbigem Holz bestehen. Als Maßeinheit wird der Zentimeter zugrunde gelegt: Man kann also nachmessen; das hilft zusätzlich bei der Anschauung.

1. Würfel von der Größe eines Kubikzentimeters als Darstellung für einen Einer.

2. Stäbe (aneinander gereihte Einer am Stück):

    Zweier = 2 Einer am Stück – Farbe: hellrot

    Dreier = 3 Einer am Stück – Farbe: hellgrün

    Vierer = 4 Einer am Stück – Farbe: dunkelrot

    Fünfer = 5 Einer am Stück – Farbe: gelb

    Sechser = 6 Einer am Stück – Farbe: dunkelgrün

    Siebener = 7 Einer am Stück – Farbe: schwarz

    Achter = 8 Einer am Stück – Farbe: braun

    Neuner = 9 Einer am Stück – Farbe: blau

    Zehner = 10 Einer am Stück – Farbe: orange

3. Platten:

    10 zu einer Platte aneinander gereihte Zehner ergeben eine Hunderterplatte. 10 Hunderterplatten ergeben übereinander gelegt einen Tausenderwürfel.

Kritiker der Cuisenaire-Methode bemängeln im Wesentlichen die feste Zuordnung von Zahl und Farbe bei den Stäben. Es wurde gelegentlich festgestellt, dass Kinder statt mit Zahlen einzig mit Farben operierten: Sie rechneten beispielsweise: rot + gelb = schwarz. Damit wurde die Farbe, die Cuisenaire als Orientierungshilfe gedacht hatte, zum Hauptmerkmal. Diese Fehlorientierung lässt sich vermeiden, wenn die Stäbe didaktisch richtig eingeführt werden, d. h. die Größe der Zahl an der Länge, nicht an der Farbe festgemacht wird. Dies lässt sich leicht erreichen, wenn die Stäbe auch mit geschlossenen Augen be-greifbar gemacht und be-griffen werden. Diese Übung bewirkt, dass die Farbe nur als zusätzliche Orientierungshilfe dient.

Cuisenaire-Material

Vorkurs mit Steckwürfeln

Vor der Einführung der Cuisenaire-Stäbe beginnen wir mit der Einführung der Zahlen von 1–10 durch einen Vorkurs mit Steckwürfeln, da diese größer und handlicher sind. Das Kind baut Türme und ordnet die entsprechenden Zahlen von 1–10 in Form von Zahlenkärtchen dazu. Es stellt so einen Bezug zwischen Zahl und Menge her, was die Bildung der Zahlvorstellung begünstigt.

Türme aus Steckwürfeln

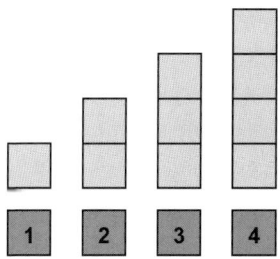

Wenn alle 10 Türme aufgebaut sind, werden als nächster Schritt immer 2 Türme so zusammengesteckt, dass jeweils ein Zehnerturm entsteht.

Das Kind spricht dabei:
Einerturm und Neunerturm ergibt Zehnerturm.
Zweierturm und Achterturm ergibt Zehnerturm.
Dreierturm und Siebenerturm ergibt Zehnerturm.
Viererturm und Sechserturm ergibt Zehnerturm.
Fünferturm und Fünferturm ergibt Zehnerturm.

Auf diese Weise werden erste Erfahrungen mit Partnerzahlen (das sind Ergänzungszahlen zur 10) gemacht.

Schon schwieriger ist das Bauen von Türmen mit den viel kleineren Cuisenaire-Würfeln. Zu empfehlen ist es daher, die Würfel nicht senkrecht aufzutürmen, sondern auf der Unterlage zweidimensional zu legen.

Türme aus Cuisenaire-Würfeln

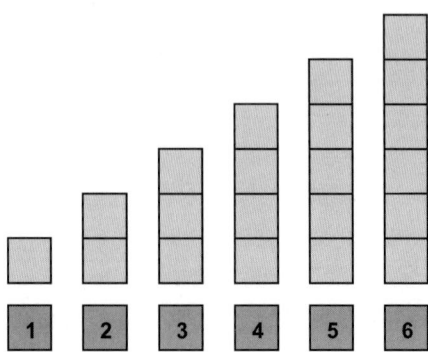

Das Kind baut Türme aus Einerwürfeln und legt die entsprechenden Zahlenkärtchen dazu.

Wir kontrollieren durch Messen (Vergleichen) mit den farbigen Stäben.

Zur Vertiefung wird weiter geübt.

Übung:
Das Kind zählt vorwärts, zeigt mit dem Finger auf den jeweiligen Turm und spricht: eins; eins, zwei; eins, zwei, drei, ...

In einem nächsten Schritt werden die Zahlen ganzheitlich erfasst: Wir bauen eine Treppe aus Stäben, be-greifen damit die Zahlen von 1–10.

Treppe aus Stäben

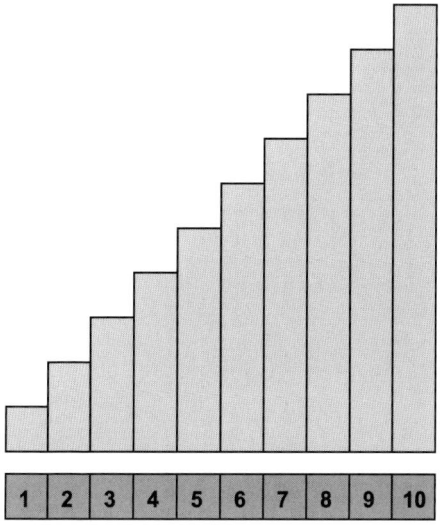

Wir erkennen hier nun den Bezug zwischen Menge, Länge, Farbe und Zahl.

Übung:

Das Kind zählt vorwärts, zeigt mit dem Finger auf die Stäbe unterschiedlicher Länge und spricht: eins, zwei, drei, ...

Menge, Länge Farbe, Zahl

Übungen zur Zuordnung

Die folgenden Übungen sind als Anregungen gedacht, sie sind beliebig erweiterbar:

1. Übung:

Das Kind legt mit Einerwürfeln Türme und daneben Stäbe, die genauso lang sind. (Von 1–10)

2. Übung:

Das Kind legt nur die farbigen Stäbe und ordnet Zahlenkärtchen zu. (Von 1–10)

3. Übung:
Das Kind zählt rückwärts und zeigt dabei auf die Stäbe oder auf die Kärtchen.

4. Übung:
Das Kind zählt in Zweierschritten vorwärts und rückwärts und zeigt dabei auf die Stäbe oder Kärtchen.

5. Übung:
Das Kind handelt nach Anweisung:
„Nimm einen Fünfer in die rechte Hand!"
„Nimm einen Dreier in die linke Hand!"
„Gib mir den Sechser!"
„Lege einen Zweier auf einen Fünfer!"
„Lege den Vierer in die Schachtel zurück!"

Gerade und ungerade Zahlen
Das Kind legt Zahlen aus Einerwürfeln und ordnet sie paarig. Es legt ein Zahlenkärtchen dazu. (Von 1–10)

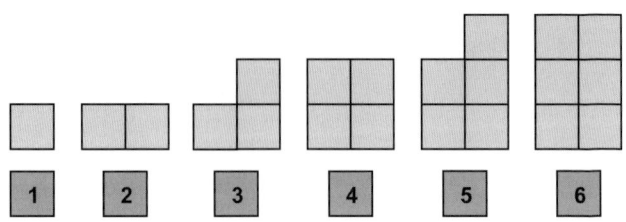

Das Kind erkennt:
Die geraden Zahlen haben einen geraden Abschluss, die ungeraden Zahlen haben einen ungeraden Abschluss.

Übung:
Das Kind zeigt auf die Zahlen, bei denen ein Klötzchen allein in einer Reihe liegt, (wo es oben aufhört wie bei einer Treppe) und sagt die Namen der Zahlen, indem es bei der 1 beginnt: eins, drei, fünf, sieben ...

Übung:
Das Kind zeigt auf die Zahlen, bei denen immer 2 Würfel nebeneinander liegen und nennt die Namen: zwei, vier, sechs ... Statt auf die Klötzchen zu zeigen, können wir die Klötzchen auch zusätzlich ertasten, der zusätzliche Sinneseindruck festigt die Vorstellung.

Die Zahlzerlegung
Das Kind gelangt zu einer sicheren Vorstellung der Zahlen von 1–10, wenn jede Zahl in allen Zergliederungsmöglichkeiten immer wieder gelegt wird.

Beispiel: Zahl 5

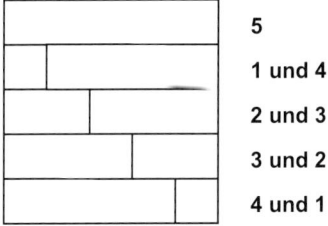

5
1 und 4
2 und 3
3 und 2
4 und 1

Das Kind spricht:
5 ist gleich 1 und 4.
5 ist gleich 2 und 3.
5 ist gleich 3 und 2.
5 ist gleich 4 und 1.

Die Addition
Die Aufgabe 4 + 3 wird mit Kärtchen gelegt. Das Kind erfährt: Das (+)-Zeichen heißt „und", „dazu".

Beispiel:

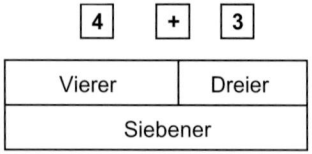

Anschließend werden der Vierer- und der Dreierstab in Schreibrichtung aneinander gelegt. Nun wird der Stab gesucht, der gleich lang ist wie die beiden aneinander liegenden; er wird darunter gelegt.

Das Kind spricht:
4 und 3 ist gleich (lang) wie 7.

Zur Kontrolle können auch weiße Würfel statt des Siebeners abgezählt und gelegt werden oder es kann ein Meterstab benutzt werden.

Übung:
Zwei Kinder üben gemeinsam mit Rechenkärtchen, auf denen auf der Vorderseite die Aufgabe, auf der Rückseite die Lösung steht. (Vgl. Rechenkartei von Prof. Gerster, Seite 75 ff.) Im Zahlenraum bis 10 gibt es (einschließlich null) 80 Aufgaben.

Wenn die Aufgaben begriffen wurden, kann und sollte die Automatisierung erfolgen. Auf das Auswendigwissen der sog. Grundaufgaben im Zahlenraum von 1–10 sollte dabei größter Wert gelegt werden.

Die Subtraktion
Das Kind erfährt: Das (–)-Zeichen bedeutet wegnehmen. Die Aufgabe 7 – 1 lautet: 7 weg 1.

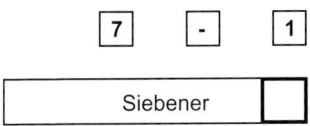

Der Siebener wird gelegt. (Kontrolle durch 7 Einer oder durch den Meterstab.)

Um einen Einer wegzunehmen, müssten wir den Siebener zersägen. Wir helfen uns, indem wir ihn am Ende mit einem Einer abdecken. Das hervorschauende Reststück ist unsere Lösung. Wir messen es und stellen fest: Es gleicht dem Sechser.

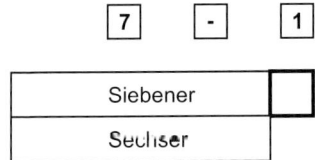

Der Sechser wird zum Vergleichen darunter gelegt.

Die Gleichung
Das Wesen einer Gleichung – zwei im Allgemeinen unterschiedlich zusammengesetzte Zahlenwerte werden bei Gleichheit durch das Gleichheitszeichen (=) gleichgesetzt – kann nur mit wenigen Anschauungsmitteln gut dargestellt werden. Die Cuisenaire-Stäbe eignen sich hervorragend dafür.
Die Aufgabe 5 + 4 wird mit Karten und Stäben gelegt.

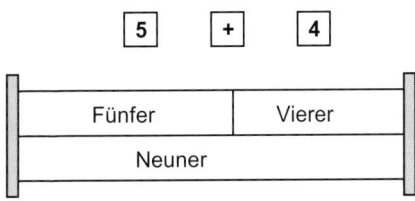

Zwei dünne Holzstäbchen z. B. Zahnstocher werden am Anfang und am Ende als Begrenzung gelegt und zeigen an, dass beide Stabreihen gleich lang sind.

Danach wird die Anordnung um 90 Grad gedreht, die Stabreihen auseinander gezogen und die beiden Holzstäbchen in die Mitte geschoben. Sie dienen nun als Gleichheitszeichen. Fertig ist unsere Gleichung.

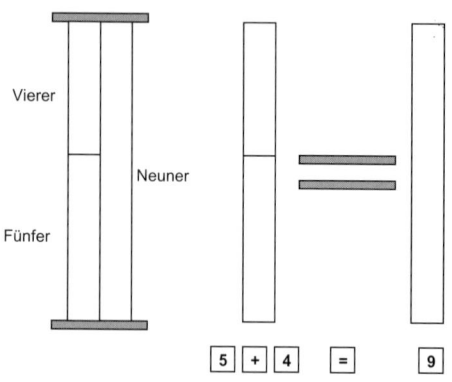

Wir können auch ein Gefühl für die Gleichung bekommen, indem wir – im vorliegenden Fall – die gleiche Länge von Neunerstab und Vierer- + Fünferstab (zusammengenommen) nach montessorianischer Art in den Griff nehmen, am besten zwischen Daumen und Mittelfinger.

Die Ungleichung

Auch bei der Darstellung der Ungleichung können die Hilfsstäbchen zur Veranschaulichung dienen. In diesem Fall zeigen sie die unterschiedliche Länge der Stäbe an und veranschaulichen damit das Kleiner- bzw. das Größer-Zeichen.

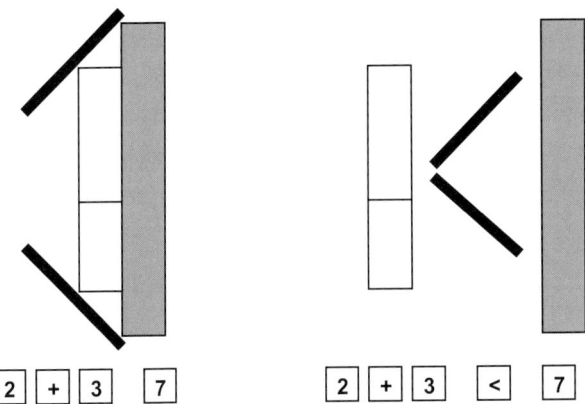

Wir sprechen:
2 und 3 ist nicht gleich 7. Die Lage der Holzstäbchen veranschaulicht das Kleinerzeichen.

Wir sprechen:
2 und 3 ist kleiner als 7.

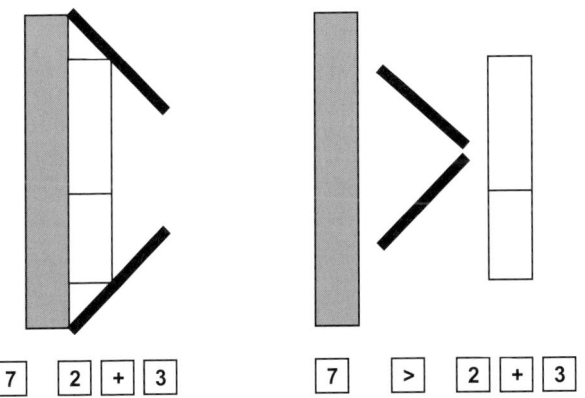

Wir können die Zahlen auch umdrehen und die Lage der Holzstäbchen veranschaulicht das Größer-Zeichen.

Wir sprechen:
7 ist größer als 2 und 3.

Aufgaben mit Leerstellen

Aufgaben mit Leerstellen sind seit jeher ein Stolperstein beim Rechnenlernen. Die Cuisenaire-Stäbe verhelfen auch hier zur Einsicht.

Wir legen eine vollständige Gleichung mit Stäben und Kärtchen.

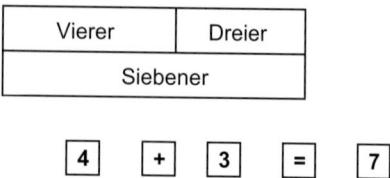

Wir sprechen:

4 und 3 gleich 7.

Wir nehmen den Dreier und das Dreierkärtchen weg. Nun schreiben wir die Gleichung auf und zeigen, dass etwas fehlt.

$$4 \quad + \quad \square \quad = \quad 7$$

Dort, wo das Kästchen ist, fehlt etwas. Wir haben den Stab und das Kärtchen weggenommen. Wenn die Gleichung stimmen soll, müssen wir statt des Kästchens die fehlende Zahl schreiben.

Entsprechend verfahren wir mit der Aufgabe:

$$\square \quad + \quad 3 \quad = \quad 7$$

Der Zehnerübergang

Zur Darstellung des Hunderterraums benutzen wir eine 10 x 10 cm große und 1 cm dicke Holzplatte mit einem Rahmen an zwei benachbarten Seiten oder ein 10 x 10 cm großes Quadrat aus Pappe oder Papier.

Wir stellen die Aufgabe: 8 + 5 = ? und legen die entsprechenden Stäbe aneinander auf das Brett.

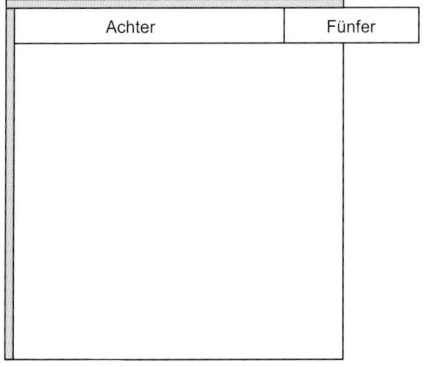

Wir sehen:
Der Fünfer passt nicht auf das Brett. Wir müssten ein Stück abschneiden. Wir helfen uns, indem wir ihn eintauschen: Ein Zweier passt noch auf das Brett. Der Rest, der über die Platte hinausragt, gleicht einem Dreier: Wir legen einen Dreier in die 2. Reihe. Der Fünfer wurde durch einen Zweier und einen Dreier ausgetauscht.

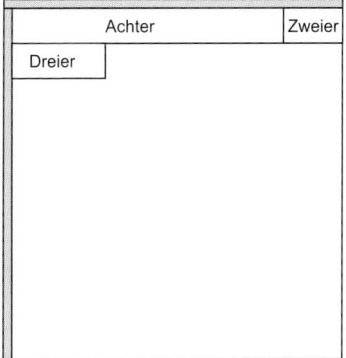

Wir schreiben:
8 + 5 = 8 + 2 + 3 = 13

Der Zehnerübergang mit Subtraktion

Bei der Subtraktion kann man wieder mit Abdecken arbeiten. Einfacher ist es, wenn man zunächst mit Einern arbeitet.

Wir legen die Aufgabe: $12 - 5 = ?$

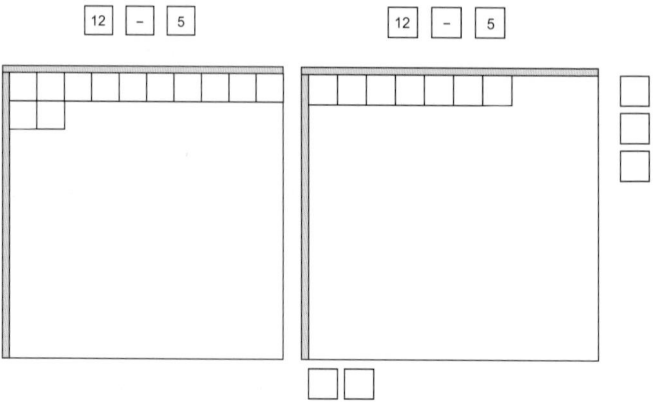

Wir nehmen zunächst 2 Einer weg und legen sie unter dem Brett ab. Dann nehmen wir die restlichen 3 Einer weg und legen sie seitlich neben dem Brett ab.

Wir stellen fest: 7 Einer bleiben übrig.

Wir schreiben: $12 - 2 - 3 = 7$.

Beim Abdecken wird von der Ausgangszahl ausgehend entgegen der Schreibrichtung abgedeckt. Wir sehen wieder: Der Fünfer passt nicht auf das Brett, wir müssen ihn zerlegen in einen Zweier und einen Dreier.

Wir stellen fest:

Ein Stab von der Länge eines Siebeners bleibt sichtbar. Das ist unsere Lösung.

Die Multiplikation

Neben einen Meterstab (Zahlenstrahl) legen wir so viele gleich lange Stäbe als Strecke, wie wir zu multiplizieren wünschen.

Die Multiplikation als mehrfache Addition derselben Zahl wird handelnd erlebt. Das Ergebnis kann am Meterstab abgelesen oder auch mit Stäben nachgemessen werden. Bei der Aufgabe: 4 x 3 = 12 wird 4-mal der Dreier am Meterstab entlang gelegt: Der letzte Stab reicht bis zur 12.

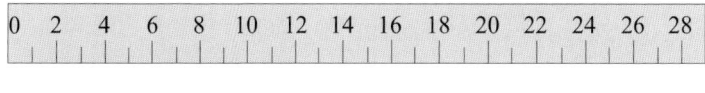

Das Ergebnis kann am Meterstab abgelesen oder mit Hilfe von Stäben durch Vergleichen ermittelt werden (hier: 4 Dreierstäbe = Zehnerstab + Zweierstab).

Die Division

Ausgehend von der Zahl, die geteilt werden soll, werden Stäbe gleicher Länge von der Größe, durch die man teilen möchte, am Meterstab in der Richtung auf null aneinander gelegt, bis man die Null erreicht hat. Die Anzahl der aneinander gelegten Stäbe ist das Ergebnis: der Quotient (Frage: wie oft?).

Bei der Aufgabe: 12 : 6 = ? werden Sechser in Richtung auf null am Meterstab angelegt. Wir ermitteln: Das geht 2-mal. Unsere Lösung lautet: 12 : 6 = 2

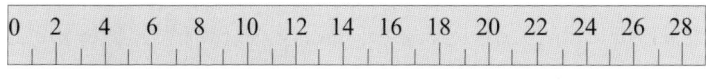

Diese Divisionshandlung wird auch **Aufteilen** genannt. Als weitere vorstellbare Divisionshandlung wird das **Verteilen** bezeichnet. Hierbei wird eine vorgegebene Zahlenmenge einzeln an eine definierte Anzahl von Positionen verteilt. Die Divisionshandlung führt dabei rechnerisch zu demselben Ergebnis. Allerdings ist diese Handlungsweise sehr aufwendig. Daher ist es besser, beim Handlungsrechnen auf das Verteilen zu verzichten.

Mathematik zum Vorstellen: Kieler Zahlenbilder

Erfahrungen aus ihrer schulpraktischen Arbeit mit rechenschwachen Kindern veranlassten die Pädagogin Christel Rosenkranz die im Jahre 1992 erschienenen „Kieler Zahlenbilder", ein Förderprogramm zum Aufbau des Zahlbegriffs, zu entwickeln. Christel Rosenkranz hatte im Unterricht immer wieder erfahren müssen, dass rechenschwache Kinder besondere Schwierigkeiten beim Aufbau des Zahlbegriffs zeigten. Sie schloss (nach Lorenz) auf eine Visualisierungsschwäche im Bereich der bildhaften Vorstellung und suchte daraufhin nach Wegen, den betroffenen Kindern die Mathematik vorstellbar zu machen.

Sie fand heraus, dass Kinder Zahlen und die dazugehörigen Mengen besser im Gedächtnis behalten können, wenn diese in Form von Mengenbildern anschaubar gemacht werden. Diese Bilder wurden von ihr sowohl bei der konkreten Rechenhandlung als auch bei der bildhaften Vorstellung eingesetzt. Als Verstärkung der Visualisierung wurde nach dem Handlungsrechnen eine Zwischenstufe zu dem reinen Vorstellungsbild verwendet, das Tippen eines Zahlenbildes in Handkarten. Als weitere Verstärkung diente das begleitende Sprechen.

Das Lernmaterial

Das Förderprogramm von Christel Rosenkranz beinhaltet:
Ein Steckbrett aus Holz mit Zehnereinteilung in Form eines Hauses und Stecker in drei Farben (rot, blau, gelb) sowie Handkarten mit Zahlenbildern in Form von Punkten (wobei jeder Zahl eine bestimmte Farbe zugewiesen ist).

Das didaktische Vorgehen

Die Visualisierung der Zahl und später der Rechenoperation erfolgt in den folgenden Stufen:

1. taktil-kinästhetisch/psychomotorische Erinnerung
- konkrete Handlung am Steckbrett
- Tippen in die Karten
- Tippen auf dem Tisch
- Tippen wird immer schwächer
- geschieht schließlich im Kopf

2. Augenrechnen mit Hilfe der Handkarten
- simultanes Erfassen von Zahlenmengen
- Rechnen mit den Augen, ohne zu zählen
- Bilder zusammenbauen

3. Rechnen mit Symbolen/Abstraktionsebene
- Darstellung mit Ziffern und Operationszeichen

Ist die 3. Stufe erreicht, sollte bei Bedarf auf die Handlungsebene zurückgegangen werden, Handkarten oder Steckbrett als Anschauungsmittel benutzt werden. Vielen Kindern genügt es dabei schon, das Zahlbild zu tippen.

Visualisierung durch Bilder

Bei der Entwicklung ihrer Zahlenbilder geht Christel Rosenkranz von den vom Würfel bekannten Punktebildern von 1–6 aus. Hier haben wir den Vorteil, dass die Kinder die Zahlenbilder von 1–6 schon kennen und die Zahlenbilder von 7–10 durch Hinzufügen von jeweils einem Punkt – ausgehend vom Sechserbild – leicht daraus entwickelt werden können.

Jede Zahl von 1–10 bekommt ein Zehnerhaus zugewiesen, in der sie wohnen kann: Die 1 wohnt allein, die 2 zu zweit, die 3 zu dritt usw. Zur Unterstützung der Visualisierung wird eine „Hotelgeschichte" dazu erdacht.

Visualisierung durch eine assoziative Geschichte

„Unser Zehnerhaus ist heute ein Hotel und die Zehnerhauskarte ist ein Zimmerplan vom Hotel. Der Chef am Empfang kann darauf sofort erkennen, wie viele Zimmer belegt oder noch frei sind."

Das Hotel hat 10 Zimmer: 3 in jeweils 3 Etagen und ein Zimmer im Dachgeschoss.

Die Zimmer sind nicht immer vollständig belegt. Die Belegung kann durch Personen der Anzahl von 0–10 erfolgen (Simultanerfassung der Zahlen), die Belegung kann ergänzt werden bis zu 10 (Ergänzungsaufgaben, Plus-Aufgaben), Gäste ziehen aus (Minusaufgaben). Die Hotelsituation fordert zu vielfältigen Aufgabenstellungen heraus.

Die Struktur der Zahlenbilder

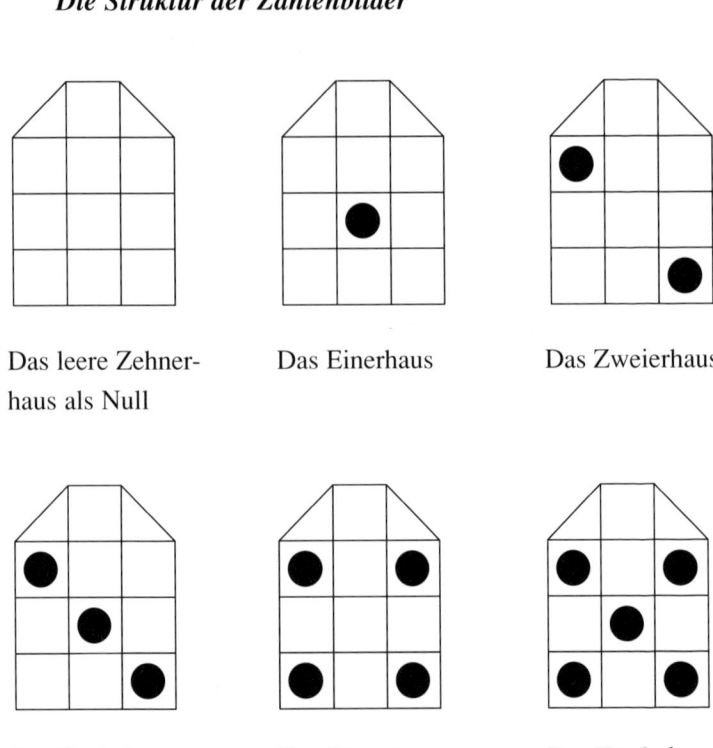

Das leere Zehner-   Das Einerhaus   Das Zweierhaus
haus als Null

Das Dreierhaus   Das Viererhaus   Das Fünferhaus

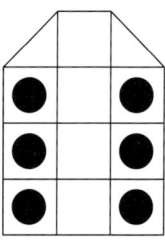

Das Sechserhaus   Das Siebenerhaus   Das Achterhaus

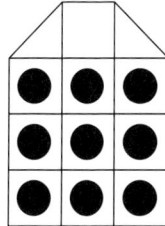

Das Neunerhaus   Das Zehnerhaus

Die Zahlenreime

Als Gedächtnisstütze für den Aufbau der Zahlenbilder werden Reime benutzt, die Assoziationen aus dem Umfeld des Kindes hervorrufen und dadurch leicht behalten werden. Die Reime können auch vom Kind umgeformt oder neu gedichtet werden.

0. Keins ist nicht eins!
1. Eins ist besser als keins!
2. Eins und eins ist zwei, da ist doch nichts dabei.
3. Eins, zwei, drei; Ausfahrt frei!
4. In allen vier Ecken soll einer drin stecken.
5. In allen vier Ecken soll einer drin stecken; und einer, bitte, in der Mitte!
6. Drei und drei, Sechserstraße frei!

7. Sechserstraße unten zu, fertig ist das 7-er U!
8. Sieben oben zugemacht, so ist das Quadrat der Acht!
9. Ganz egal, wie es auch steht, 3-3-3 ist ein Neunerpaket!
10. Einer schaut ganz oben raus, aus dem vollen Zehnerhaus!

Die Handkarten
und das Steckbrett

Alle Neune –
das Zahlenputzen
(Beschreibung
siehe Seite 91 f.)

Das Steckbrett

Im Steckbrett werden alle Zahlen von 1–10 zunächst einfarbig gesteckt, damit die Punktestruktur als Bild eingeprägt werden kann. Durch Wegnehmen von Steckern können in den größeren Zahlenbildern kleinere Teilmengen entdeckt werden. Z. B. entsteht aus der 5 die 4, die 3, die 2 und die 1; aus der 9 entsteht die 8, die 7, die 6, die 4 und die 2. Umgekehrt kann durch Hinzustecken aus einem Zweier ein Dreier oder auch ein Fünfer gebaut werden.

Christel Rosenkranz betrachtet diese Arbeitsphase als die wichtigste, weil sie die Analyse und Synthese der Teilmengen erarbeitet, und diese handelnd, vergleichend, umbauend in ihren Beziehungen erkennt.

Das Tippen der Zahlenbilder

Das Tippen der Zahlenbilder erfolgt bei geraden Zahlen mit der sog. „Gabel", dem ausgestreckten Zeige- und Mittelfinger, mit denen immer zwei Punkte gleichzeitig angetippt werden können. Bei ungeraden Zahlen wird mit dem Zeigefinger noch 1 dazu getippt.

Zunächst werden die Zahlenbilder auf den Steckern getippt, dann auf den Tisch und in die zunächst leere Handkarte. Das Zahlenbild wird somit zusätzlich zur bildhaften Anschauung taktil-kinästhetisch erfasst und kann über die psychomotorische Erinnerung wieder abgerufen werden.

Die Handkarten

Die Handkarten repräsentieren die ikonische Ebene: die Vorstellung in Bildern. Jedem Zahlenbild wird dabei eine bestimmte Farbe innerhalb der Spektralfarben zugewiesen, die auf Kinder erfahrungsgemäß eine motivierende Wirkung haben.

Die Handkarten lösen das Steckbrett ab und werden vorwiegend von den älteren Kindern gern benutzt.

Eine zusätzliche Zehnerhaushandkarte wird eingesetzt, wenn Zahlen über den Zehner hinaus getippt werden sollen. Sie wird vorübergehend mit einem Gummiband unter der linken Hand befestigt und bezeichnet diese damit als Zehnerhand. Mit dieser Hand wird dann ein Zehner gestempelt, mit der rechten die Einer dazugetippt.

Auf diese Weise wird auch der bei rechenschwachen Kindern häufige Zahlendreher von Zehner und Einer vermieden, da das Kind Zehner und Einer mit dem Körper erlebt.

Die Operationskarten

Die Rosenkranz-Methode beinhaltet eine (+)-Operationskarte für die Addition, eine (–)-Operationskarte für die Subtraktion und eine (=)-Operationskarte (Gleichheitszeichen) für die Gleichung.

Den Ausgang für die Rechenoperationen bildet die Gleichung. Dabei werden zwei unterschiedliche Rechenhäuser auf dem Steckbrett miteinander verglichen. Die Kinder überlegen, was geändert werden muss, damit sie gleich aussehen.

Die Operation wird folgendermaßen gelegt:

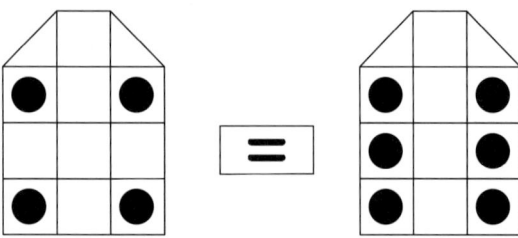

Auch die folgende Aufgabe ist denkbar:

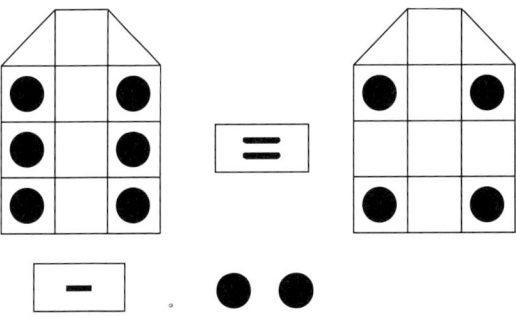

Zerlegen der Zahlenbilder

Wenn der Aufbau der Zahlen gefestigt ist, beginnt das Zerlegen, die Analyse. Ausgehend von einem vorgegebenen Zahlenbild werden Zahlenbilder gesucht, die darin enthalten sind:

Folgende Zahlenbilder stecken unter anderem im „Fünfer":

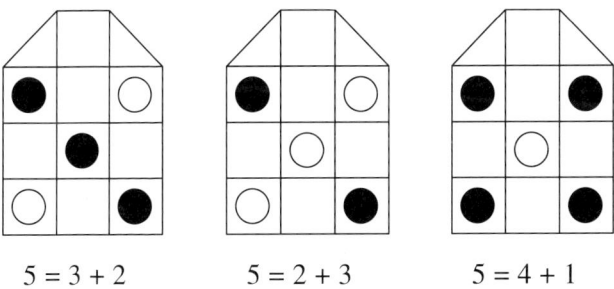

$$5 = 3 + 2 \qquad 5 = 2 + 3 \qquad 5 = 4 + 1$$

Dies ist die Phase des Kombinierens, Veränderns, Spielens mit den Mengen und ihren Teilmengen. Jetzt wird zweifarbig gesteckt; die Lage der Teilmenge spielt keine Rolle mehr, auf die Anzahl kommt es an. Durch das Entdecken immer wieder neuer Kombinationsmöglichkeiten bekommt das Kind Freude am Umgang mit der Zahl.

Allerdings lässt sich nicht jede Zahl aus einer darin enthaltenen Teilmenge entwickeln. Will man beispielsweise aus der 5 die 8 bauen, so muss der mittlere Punkt weggenommen werden. Das Kind kann hierbei erfahren, dass eine Lageveränderung keine Veränderung der Mächtigkeit bedeutet.

Der Zehnerübergang

Um den Zehnerübergang vollziehen zu können, wird mit zwei Zahlenhäusern gearbeitet (Steckbretter oder Handkarten, je nach Alter und Vorliebe des Kindes). Zur Unterstützung der Visualisierung kann wieder die Hotelgeschichte dienen:

Da der Hotelbesitzer sehr viele Anfragen hat, baut er ein Gästehaus mit nochmals 10 Zimmern dazu. Da die Zimmer des ersten Hauses den schöneren Ausblick haben, werden sie grundsätzlich zuerst besetzt. Ist das erste Haus mit 8 Gästen besetzt und 4 Gäste kommen zusätzlich an, so ergibt sich die folgende Situation:

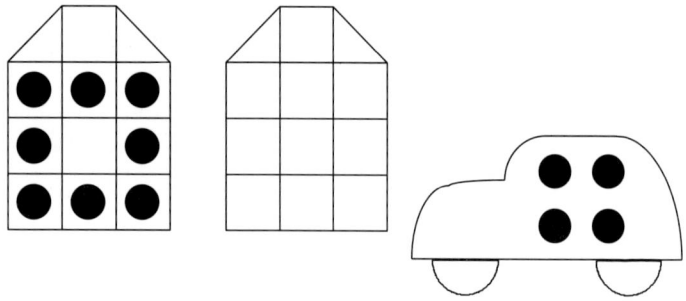

2 Gäste werden noch im ersten Haus untergebracht, die übrigen 2 im zweiten.

Die Aufgabe wird folgendermaßen aufgeschrieben:

Auf diese Weise lässt sich die Aufgliederung des zweiten Summanden in zwei Teilmengen besser visualisieren. In ähnlicher Weise kann man bei der Zehnerunterschreitung verfahren. Zuerst wird immer das zweite Haus leer gemacht (Gäste ziehen aus). Beim Steckbrett werden Stecker weggenommen, bei den Handkarten werden Punkte ausgestrichen. Erst dann kommt das erste Haus an die Reihe. Die Rechenhandlungen werden jeweils durch begleitendes Sprechen unterstützt.

Spiele

Jede Arbeitsphase sollte durch entsprechende Spiele gefestigt werden, wobei der individuelle Lernstand des Kindes berücksichtigt werden sollte. Ch. Rosenkranz beschreibt hierfür Spiele zur Körpererfahrung und -schulung, zur Gestalterfassung, zur Schulung kognitiver Fähigkeiten und schließlich auch Rechenspiele (in. Kieler Zahlenbilder, 1992).

Mathematik zum richtigen Sehen: Würfelbilder

Rechnenlernen heißt nach Andrea Schulz „richtig sehen" lernen. Sie hat eine andere Methode entwickelt, um mit Hilfe von Würfelbildern rechnen zu lernen. Andrea Schulz ist Therapeutin und hat bei ihrer Arbeit mit rechenschwachen Kindern oft die Erfahrung gemacht, dass diese Kinder auch mit Anschauungsmitteln nichts anzufangen wissen. Sie setzen sie mechanisch ein, ihnen fehlt das richtige Sehen.

Auch Andrea Schulz hält die Würfelbilder für ein geeignetes Anschauungsmittel, um Zahlvorstellungen zu entwickeln. Sie hat die Würfelbilder so strukturiert, dass sie leicht mit den Augen erfasst werden können.

A. Schulz weist darauf hin, dass Kinder meist schon vor der Einschulung mit den Würfelbildern vertraut sind, d. h. sie müssen die gewürfelten Augen nicht mehr abzählen, sondern erfassen das Bild simultan. Dieser Vorteil kann beim Aufbau der Zahlen bis 10 genutzt werden, wenn die Würfelbilder folgendermaßen dargestellt werden:

Bei dieser Darstellung wiederholt sich in den gegliederten Bildern von 6–10 die bekannte Punkteanordnung von 1–5 auch im zweiten Glied unter Hinzufügen von jeweils einem Fünferbild.

Da beide Glieder durch die Würfelbilder vertraut sind, erleichtert diese Darstellung die Simultanerfassung von Zahlen über den Fünfer hinaus unter Ausnutzung der „Kraft der Fünf", die ja beim Rechnen in asiatischen Ländern eine Schlüsselrolle spielt.

Es erleichtert außerdem das Gliedern der Zahlen im Zahlenraum bis 10, das rechenschwachen Kindern oft schwer fällt.

Durch die folgende Darstellung einer Addition mit Zehnerübergang zeigt A. Schulz, wie einfach und schnell eine Rechenoperation durch richtiges Sehen gelöst werden kann:

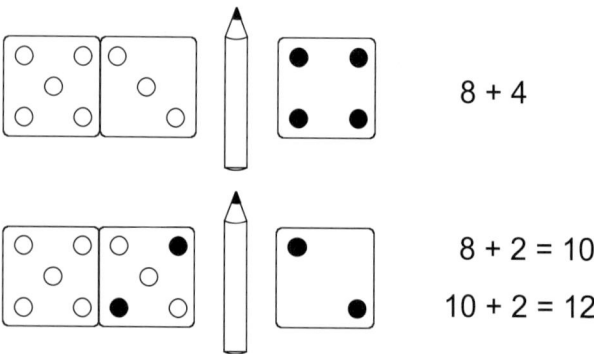

8 + 4

8 + 2 = 10
10 + 2 = 12

Der Rechenweg besteht darin, die zu addierenden Punkte mit den Augen wegzunehmen und in der zweiten Bildreihe so einzusetzen, dass ein neues Zahlenbild entsteht. Das Ergebnis wird sozusagen zusammengeschaut.

Mathematik zum Üben, Verfestigen und Automatisieren: die Lernkartei

Wenn ein Kind durch selbsttätiges Handeln mit konkretem Lernmaterial Verständnis für Zahlen und Rechenoperationen gewonnen hat und imstande ist, sie in innere mentale Bilder umzusetzen, kann es beginnen, weiter zu abstrahieren und die uns Erwachsenen geläufige Darstellungsform von Mathematik in Form von Ziffern und Operationszeichen zu begreifen und anzuwenden.

In dieser Stufe ist es wichtig, dass für Rechenaufgaben Lösungsstrategien entwickelt werden, die sich an Zahlbeziehungen orientieren. Die folgenden Grundaufgaben, auch Kernaufgaben oder Stützaufgaben genannt, bilden das Grundgerüst für alle weiteren Rechenschritte und sollten daher als Erste beherrscht werden:

Die Grundaufgaben

- + 0, + 1, eventuell + 2
- ergänzen bis 10 (Ergänzungsaufgaben, Partnerzahlen)
  z. B. 3 + 7 = 10, 5 + 5 = 10
- addieren zu 10
  z. B. 10 + 1 = 11 ...10 + 10 = 20
- verdoppeln im Zahlenraum bis 20
  z. B. 6 + 6 = 12, 3 + 3 = 6

Die Ableitungsmethoden

Zur Verankerung im Langzeitgedächtnis ist zudem die Anwendung der sog. Ableitungsmethoden von Vorteil:

Tauschaufgaben

Beispiel: $2 + 6 = 8$ weil $6 + 2 = 8$ ist.

Es ist leichter eine kleinere Zahl zu einer größeren zu addieren als umgekehrt.

Nachbaraufgaben

Beispiel: $6 + 6 = 12$ dann ist $6 + 7 = 13$.
$6 + 6 = 12$ dann ist $6 + 5 = 11$.

Dekadische Analogie

Beispiele: $20 + 60 = 80$ weil $2 + 6 = 8$
$12 + 6 = 18$ weil $2 + 6 = 8$ ist.

Obige Grundaufgaben und Ableitungsstrategien dienen nach Gerster (1994) dazu, den Schülern das „Auswendigwissen" des kleinen Einsundeins sowie des kleinen Einmaleins zu vermitteln. Dabei soll die Spanne zwischen Aufgabenstellung und Lösungsfindung – zwischen „Reiz und Reaktion" – nicht länger als eine Halbsekunde betragen. Das bedeutet, die Lösungsstrategien dürfen den Kindern nicht selbst überlassen bleiben. Rechnet ein Kind noch über die erste Klasse hinaus durch Zählen, braucht es Hilfestellung. Denn wenn die Zählmethode zu lange benutzt wird, fällt ein Kind in Stresssituationen immer in diese alte eingefahrene Methode zurück; die zu spät erlernte Ableitungsmethode oder gar das Präsenzwissen funktionieren nicht.

Das folgende Schaubild veranschaulicht die möglichen Aufgabenstellungen beim Einsundeins (121 Möglichkeiten).

Aufgabenstellungen beim Einsundeins

+	0	1	2	3	4	5	6	7	8	9	10
0	0										10
1		2								10	
2			4						10		
3				6				10			
4					8		10				
5						10					
6					10		12				
7				10				14			
8			10						16		
9		10								18	
10	10	11	12	13	14	15	16	17	18	19	20

Die Lernkartei als Arbeitsmittel

Zur Unterstützung der Lerntechniken von Kindern mit Rechen-schwierigkeiten hat Prof. Gerster eine Lernkartei zur Automa-tisierung des kleinen Einsundeins sowie des kleinen Einmaleins erstellt. (Klett-Schulbuchverlag, 1994)

Als Vorbild für seine mathematische Lernkartei diente ihm die Vokabellernkartei nach Sebastian Leitner (Freiburg, 1972). Diese Lernkartei besteht aus einem Kasten mit fünf Fächern (1 cm, 2 cm, 5 cm, 8 cm, 14 cm, lang). In diese Fächer steckt man Kärtchen, bei denen man auf der Vorderseite die Vokabel (= Frage), auf der Rückseite die Übersetzung (= Antwort) notiert. Bei der Vokabelabfrage wandern gekonnte Kärtchen jeweils ein Fach weiter nach hinten, nicht gekonnte ins erste Fach zurück, so dass nach einiger Zeit im letzten Fach die sicher beherrschten Vokabeln, im ersten Fach die noch nicht beherrschten Vokabeln aufbewahrt werden. Bei diesem System sind die Lernfortschritte sowie der Lernstatus jederzeit gut erkennbar. Der Schüler kontrolliert sich selbst und kann sein Lerntempo selbst bestimmen.

Die Lernkartei zur Automatisierung des Einsundeins

Ähnlich wie beim Vokabellernen müssen nach Prof. Gerster die „Grundlagen des Rechnens zum Präsenzwissen (Auswendigwissen) werden, d. h. im Langzeitgedächtnis gespeichert werden und mühelos und sicher abrufbar sein, denn der fortschreitende Mathematikunterricht baut darauf auf" (Gerster, 1994).

Der Inhalt des Lernkarteikastens

In der rechten Hälfte des Kastens befindet sich ein herausnehmbarer Sortierkasten mit fünf verschieden großen Fächern.

In der linken Hälfte des Kastens befinden sich etwa 600 Aufgabenkärtchen, die in 35 Kapitel unterteilt sind. Eine Registerkarte pro Kapitel mit der jeweiligen Überschrift und eine kapitelweise Durchnummerierung erleichtern das Einordnen. Die meisten Kapitel der Lernkartei enthalten blaue, gelbe und weiße Lernkärtchen:

- Die blauen Lernkärtchen enthalten die sog. Kernaufgaben, meistens mit einer zusätzlichen bildlichen Darstellung in Form von Punktebildern.

- Die gelben Lernkärtchen enthalten die abgeleiteten Aufgaben (Nachbaraufgaben, Verdoppeln, Halbieren); auch hier meistens mit Veranschaulichung durch Punkte.

- Die weißen Lernkärtchen enthalten nochmals alle Aufgaben des Stoffgebietes, aber ohne Kennzeichnung von Kern- oder Ableitungsaufgabe und ohne Veranschaulichung.

Vorgehensweise beim Üben

Geübt werden jeweils die Kapitel, die in der Schule behandelt worden sind oder gerade zu lernen sind. Man beginnt mit den blauen Kärtchen, den einfachen Kernaufgaben, geht dann zu den gelben Kärtchen mit den abgeleiteten Aufgaben über und bearbeitet zum Schluss erst die weißen Kärtchen.

Bei Übungsbeginn wird ein etwa fingerbreiter Kärtchenstapel in das erste Fach gesteckt. Die innerhalb einer Halbsekunde gewussten Aufgaben wandern in das 2. Fach, die nicht gekonnten kommen in das 1. Fach zurück.

Für das Lernen mit den verschiedenen Fächern sollte etwa folgender Zeitplan eingehalten werden:

1. Fach: 1-mal täglich
2. Fach: 2-tägig
3. Fach: 1-mal wöchentlich
4. Fach: 1-mal monatlich
5. Fach: Ablage.

Die Kärtchen, die schließlich im 5. Fach abgelegt werden, sind nach verschieden langen Zeitabständen mindestens 4-mal gelöst worden. Man kann davon ausgehen, dass sie im Langzeitgedächtnis gespeichert wurden.

Hinweise für das Üben

- Pro Tag sollte nicht länger als 5–10 Minuten geübt werden.
- Beim Lernen sollten möglichst viele Sinne angesprochen werden. Deshalb sollten die Aufgaben und Lösungen nicht nur gelesen, sondern auch laut gesprochen werden.
- Das Einprägen der bildlichen Darstellung stützt zusätzlich die Einspeicherung in das Gedächtnis.

Vorteile der Lernkartei

- Das Kind lernt selbstständig (ohne Eltern oder Lehrer).
- Es bestimmt sein Lerntempo selbst.

- Es kann die Richtigkeit der Lösung sofort selbst kontrollieren.
- Es kann ständig seinen Lernstand selbst ermitteln, Fortschritte werden sichtbar.
- Erfolgserlebnisse (gekonnte Kärtchen, die abgelegt werden) verstärken die Motivation.

Analog zu der Einsundeins-Kartei wurde von Prof. Gerster die Einmaleins-Kartei entwickelt (erhältlich beim Klett-Verlag). Sie hilft beim Automatisieren des Einmaleins.

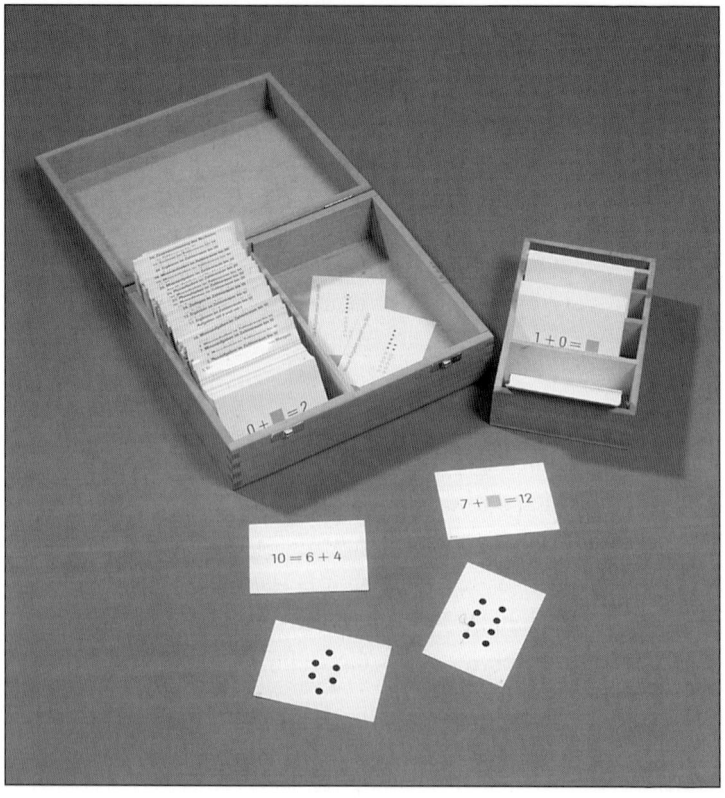

Die Lernkartei: Kasten und Material

Das Drei-Minuten-Training

Karin-Elke Krüll beschreibt in ihrem Buch „Rechenschwäche – was tun?" (München, 1994) eine weitere Übungsmethode zur Automatisierung, bei der die von Prof. Gerster entwickelte Lernkartei einsetzbar ist.

K.-E. Krüll arbeitet als Therapeutin speziell mit rechenschwachen Kindern. Sie erkannte die Notwendigkeit, Kindern Mut zu machen, sich von ihrem konkreten Anschauungsmaterial (häufig den Fingern) zu lösen, da sie offensichtlich kein Zutrauen zu ihrem Gedächtnis haben (Konkretismus).

So entwickelte sie das „Drei-Minuten-Training" und stellte fest, dass es geeignet war, ängstlichen Kindern zu mehr Sicherheit beim Rechnen zu verhelfen.

Als Voraussetzung für diese Trainingsform galt ihr:
1. die freiwillige Entscheidung des Kindes, in dieser Weise zu üben,
2. eine gute Therapeuten-Kind-Beziehung,
3. eine angenehme momentane Stimmung des Kindes.

Bei dieser Methode müssen Rechenaufgaben in vorgegebener Zeit gelöst werden:
*   Ein Kurzzeitwecker wird auf 3 Minuten eingestellt.
*   Das Kind bekommt Aufgabenkärtchen (z. B. Plus-Aufgaben oder Minus-Aufgaben oder muss Partnerzahlen benennen).
*   Es soll in 3 Minuten möglichst viele Aufgaben lösen.
*   Falsche Ergebnisse zählen nicht, richtige Ergebnisse ergeben Pluspunkte.
*   Für die Pluspunkte gibt es eine Belohnung.

Das folgende Ziel soll erreicht werden:

Der Zeitdruck erweckt leichten Stress, das Kind vergisst seine Denkblockaden und damit seine Langsamkeit, es freut sich am Erfolg und wird zunehmend sicherer.

Mathematik zum Verstehen: Rechnenlernen durch visuelles Denken

Marlis Kretschmann, die die folgende Methode entwickelt hat, verfügt über eine über 20-jährige Erfahrung als Lehrerin und Therapeutin für Teilleistungsstörungen in einer Klinik für Kinder und Jugendliche. Nach eigener Aussage lernte sie während dieser Zeit den Denkstil teilleistungsgestörter Kinder kennen und stellte fest: „Teilleistungsstörungen sind die Antwort des Gehirns auf ein Nichtbeachten einer Rechtshirndominanz beim schulischen Lernen." Nach ihrer Meinung bewirkt die in der Schule ständig geforderte linkshirnige Konzentration einen Unterdrückungsmechanismus für die störende Dominanz des rechten Gehirns und ist damit auch für die Entwicklung einer MCD mit ihren vielfältigen Verhaltensschwierigkeiten verantwortlich. Den Terminus der MCD interpretiert M. Kretschmann daher als maximale cerebrale Dominanzstörung, da die allgemein übliche Definition der minimalen cerebralen Dysfunktion die ungeheuren Probleme der betroffenen Kinder nicht erfasst.

Um das für das Begreifen der Mathematik erforderliche ganzhirnige Lernen zu erreichen, berücksichtigt sie daher Strategien rechtshirnigen Denkens; sie berücksichtigt Wahrnehmungsverknüpfungen, die diesem Denkstil entsprechen.

M. Kretschmann hat ungeheure Erfolge erzielt. Ihr gelang es, Kinder erfolgreich zu therapieren, deren schulische Laufbahn bereits als völlig aussichtslos betrachtet wurde. (Vgl. unser Fallbeispiel Seite 9 ff.)

Ihre Dyskalkulie-Therapie stützt sich auf folgende Grundsätze:

- Rechtshirner sind visuelle Denktypen, sie bedürfen vor allem der Anschauung.
- Das Vorstellungsgedächtnis will angesprochen werden.
- Hantierendes Lernen ist wichtig, ganz besonders in der Grundschule, denn es führt zu beweglichem Denken, zum Handeln im Geiste.
- Das Erlebnisgedächtnis ansprechen, es ist das Langzeitgedächtnis.
- Beziehungslogisches, systemisches, entwickelndes, mehrgleisiges Denken fördern.
- Immer zuerst versuchen, das Ganze grob überblickend zu erfassen, später erst ins Detail gehen.
- Transferdenken anregen.
- Mit operativen Transferübungen das Verstehen vertiefen, die gewonnene Einsicht festigen, mechanischen Lerndrill ersparen, Abstraktion auslösen.
- Trainingsaufgaben und Übungen zur Mechanisierung und ganzhirniger Langzeitspeicherung einsetzen.
- Der sukzessive Aufbau von Lernprogrammen ist sehr wichtig.

Nach diesen Gesichtspunkten entwickelte M. Kretschmann Mathe-Kompakt-Lernprogramme, in denen die für Kinder mit Rechenschwierigkeiten auftretenden Problemfelder besonders berücksichtigt werden.

Unter ihrer Anleitung konnten „aus Mathe-Muffel sogar Mathe-Fans" werden.

Das Problem des Zahlenverdrehens

Das folgende Beispiel zeigt die Vorgehensweise M. Kretschmanns, die ihre Didaktik-Methode am Denkstil teilleistungsschwacher Kinder orientiert. Ihre Ausführungen sind im Folgenden wörtlich wiedergegeben:

„Thomas verdreht die Zahlen und macht aus

$$42 => 24$$

Was tun? Eltern und Lehrer sind ratlos, diese Eigenschaft hält sich sehr hartnäckig. Vielleicht sagen die Eltern: `Du sprichst die 2 zuerst, dann schreibe sie auch zuerst, aber setze die 4 davor.´ Thomas macht es mit vielen Zahlen eine Weile richtig, dann hat er Richtungsprobleme. Er macht alles wie zuvor, er schreibt zuerst die 2, doch nun verwechselt er die Richtung, vorne ist für ihn plötzlich hinten und aus 42 wird wieder 24.

Dem ist abzuhelfen!

1. Ich sage zu ihm: `Schließe deine Augen und sprich mir nach!´ Ich spreche:

    `zwei**und**vierzig´

    und betone **und** sehr stark. Thomas spricht es nach und sieht gleichzeitig die Zahl in 2 und 40 gegliedert, vielleicht so:

    2

    40

2. Wir üben diese Erkenntnis an vielen Zehnerzahlen und schreiben die Zahl so, wie wir sie jetzt im Geiste sehen – also gegliedert – aufs Papier.

3. Danach nehmen wir Magnetzahlen. Ich lege die Zahl 40 auf den Tisch. Thomas legt die 2 auf die Null und sagt 42. Er stellt fest, dass die Null nun verdeckt ist. „Ach so“, meint er, „deshalb braucht man die Null von der Vierzig nicht schreiben.“

4. Ich hebe die 2 hoch und sage: `**2**´
    Er zeigt auf die 40 darunter und sagt: `**und 40**´

5. Das spielen wir eine Weile mit anderen Zehnerzahlen. Dann zeichnen wir eine große **40** aufs Papier und schneiden sie aus. Ebenso machen wir es mit einer kleineren **2**, die in die Null passt:

4②

6. Wir üben jetzt an Zahldiktaten diese Vorstellung – und zwar so, wie folgt:

Zweiundfünfzig   acht unddreißig   vierundneunzig

5②   3⑧   9④

Diese Schreibweise muss eine Weile beibehalten werden, damit die neue Logik in der Vorstellung fest verankert werden kann. Danach hatte Thomas keine Probleme mehr mit Zahlverdrehungen. Das Lernen máchte Freude.

Der Name Thomas steht hier für viele Kinder, denen ich in relativ kurzer Zeit erfolgreich helfen konnte."

Mathematik selbst entwickeln: die Arbeit am leeren Zahlenstrahl

Prof. Dr. Jens-Holger Lorenz beschreibt in seinem Buch „Kinder entdecken die Mathematik" (Braunschweig, 1997) den leeren Zahlenstrahl als geeignetes Anschauungsmittel für das entdeckende Erlernen der Mathematik. Versuche an Lernbehindertenschulen hatten gezeigt, dass die Arbeit mit diesem Anschauungsmittel auch für leistungsschwache Kinder geeignet ist.

Ein leerer Zahlenstrahl hat keinen vorgegebenen Anfang und kein vorgegebenes Ende und auch keine vorgegebenen Markierungen. Das hat den Vorteil, dass Aufgaben nicht zählend gelöst werden können. Die Schüler sind daher „angehalten, eigene Konstruktionen vorzunehmen. Und diese müssen vorab im Kopf ausgeführt werden."

Bei der Arbeit mit dem leeren Zahlenstrahl zeichnen die Schüler nicht nur die Zahlen, mit denen sie rechnen wollen, ein, sondern sie müssen, wenn sie sich für eine Rechenstrategie entschieden haben, diese auch zeichnerisch darstellen.

Lorenz erklärt diese Vorgehensweise am Beispiel der Subtraktion, die auf unterschiedliche Weise – je nach Entscheidung des Kindes – durchgeführt werden kann. Dabei ist es wichtig, für jede Strategie einen Namen zu finden, damit jeder weiß, was gemeint ist.

Die Subtraktion am leeren Zahlenstrahl

Lorenz stellt zehn verschiedene Subtraktionsstrategien am leeren Zahlenstrahl vor, an denen die kindlichen Denkweisen, die ihnen zugrunde liegen, erkennbar sind. Im Folgenden sind einige von ihnen beispielhaft dargestellt:

Bei der Aufgabe 41 – 38 will der Schüler die Ergänzungstechnik (Bestimmung des Abstandes zwischen den Zahlen – von 38 bis 41 ist er 3) anwenden. Er gibt dieser Strategie den Namen „Bogen". Entsprechend wird ein Bogen vor die Aufgabe gemalt; erst dann beginnt die zeichnerische Darstellung:

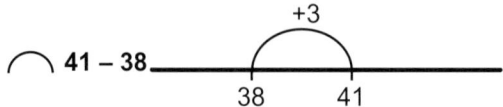

Bei der Aufgabe 52 – 19 soll die Strategie „Sprung rück – Sprung vor" angewendet werden. Zunächst wird gerechnet:

52 – 20 (Sprung zurück) und dann + 1 (Sprung vor). Entsprechend wird der Name: „SrSv" vor die Aufgabe geschrieben:

Bei der Aufgabe 62 – 35 wird die Strategie „zuerst die Zehner, dann die Einer" angewendet; die Rechnung wird gegliedert in: 62 – 30 (Zwischenergebnis: 32) – 2 (Zwischenergebnis: 30) – 3. Entsprechend wird der Name: „ZE" vor die Aufgabe geschrieben:

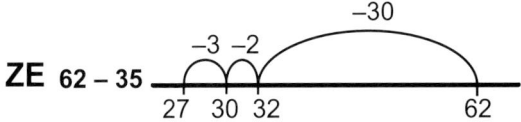

Bei der Aufgabe 56 – 27 wird die Strategie: „Sprung rück, Sprung rück" angewendet. Die Aufgabe wird gegliedert in: 56 – 26 (Zwischenergebnis: 30) – 1. Diese Strategie wird „SrSr" benannt und wieder vor die Aufgabe geschrieben.

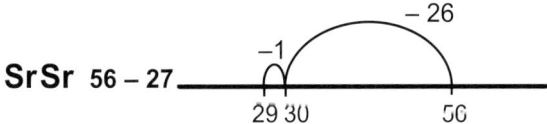

Wir sehen, dass die Vorgehensweisen beim Subtrahieren sehr unterschiedlich sein können und bei diesem selbst entdeckenden Lernen von Kind zu Kind differieren.

Die Arbeit am leeren Zahlenstrahl setzt allerdings voraus, dass das Kind bereits Verständnis für Zahlen (als Menge und als Position im Zahlenraum – kardinal/ordinal) als auch für Zahloperationen, insbesondere auch für das Wesen der Gleichung erworben hat. Daher ist dieses Veranschaulichungsmittel weniger für den Erstkontakt mit der Mathematik geeignet. Der leere Strahl könnte sonst leer bleiben. Es eignet sich aber ganz hervorragend für die selbstständige Entwicklung von Rechenstrategien, wenn genügend Vorerfahrungen vorliegen. Aus diesem Grund ist es auch besonders gut bei der Diagnostik einsetzbar: Zahlverständnis, Rechenwege, Denkprozesse werden bei der Arbeit am Strahl transparent.

Mathematik zum Vergnügen: didaktische Spiele

Das Üben von Mathematik durch Spiele ist sicher für viele Kinder die vergnüglichste Art, Mathematik zu betreiben. Eine Fülle von mathematischen Spielen sind erhältlich. In der Folge sind einige wenige ausgewählt, die erfahrungsgemäß einen hohen Lerneffekt haben und den Kindern Spaß machen.

Jenga: der Turm aus Holzbausteinen

Rechenschwache Kinder haben immer dann eine Abneigung, mit Holzbauklötzen zu bauen, wenn ihre taktil-kinästhetische Wahrnehmung nicht gut ausgebildet ist und sie deshalb beim Bauen ungeschickt sind. Wenn dieses Bauen jedoch in Form eines Spiels mit mehreren Kindern stattfindet, können sie manchmal ihre Abneigung vergessen. Beim Bauen mit Jenga können sie ihren taktil-kinästhetischen Sinn sowie die Auge-Hand-Koordination üben und verbessern.

Jenga ist ein Spiel, das Kindern in jedem Alter und sogar Erwachsenen Spaß macht. Die Zahl der Mitspieler ist beliebig; je mehr sich daran beteiligen, desto aufregender und spannender wird das Spiel. Es besteht aus 48 rechteckigen, flachen Holzbauklötzen und einem Holzwinkel, der den Aufbau des Jenga-Turms erleichtert. Gebaut wird in Lagen von drei nebeneinander gelegten Klötzen, die im rechten Winkel versetzt in dem Stapelwinkel aufeinander geschichtet werden. Der aufgebaute Turm besteht aus 16 Etagen.

Der beginnende Spieler entnimmt dem aufgebauten Turm vorsichtig einen Klotz aus einer beliebigen Lage unterhalb der obersten kompletten Lage. Er darf dabei nur eine Hand benutzen. Danach legt er den entnommenen Klotz im rechten Winkel versetzt oben auf die oberste Lage.

Gespielt wird im Uhrzeigersinn reihum. Der nächste Spieler entnimmt dem Turm wieder einen Klotz und legt ihn in der angefangenen oberen Lage ab. Der dritte Spieler verfährt ebenso und kann nun die oberste Lage komplettieren.

Die nächste Lage wird wieder versetzt zur vorhergehenden aufgebaut. Dabei müssen die entnommenen Klötze immer zu einer kompletten Lage aufgebaut werden, bevor eine neue Lage begonnen werden darf. Das Ziel des Spiels besteht darin, möglichst viele Klötze dem Turm zu entnehmen und oben wieder aufzulegen, ohne dass der Turm einstürzt. Je mehr Klötze dem Turm aber entnommen werden, desto instabiler wird er und desto schwieriger wird mit fortschreitendem Spiel die Spielhandlung.

Gewinner ist derjenige Spieler, der als Letzter einen Klotz auf dem Turm ablegt, ohne ihn dabei zum Einsturz zu bringen.

Der Jenga-Turm hat schon eine beachtliche Höhe erreicht.

Halli-Galli – oder der Blitzblick

Halli-Galli ist ein Kartenspiel für 2–6 Spieler ab 6 Jahren. Es besteht aus 56 Karten und 1 Glocke. Bei diesem Spiel kommt es auf den sog. „Blitzblick" an. Mit dem Blitzblick wird die Simultanerfassung von Mengen im Zahlenbereich von 1–5 geübt. Die Spielkarten beinhalten Mengenbilder von Früchten einer Sorte in der Anzahl von 1–5 und zwar von Erdbeeren, Pflaumen, Bananen und Zitronen. Diese Mengenbilder sind in der Anordnung der Früchte so strukturiert wie die Punktebilder auf

5 Pflaumen sind zugleich aufgedeckt: Wer zuerst klingelt, gewinnt die beiden offen liegenden Stapel.

den klassischen Würfeln. Sie wecken also den Kindern bekannte Assoziationen. Diese gleich bleibende Struktur erleichtert die Simultanerfassung, d. h. das Erkennen der gleichen Anzahl bei wechselnden Fruchtsorten.

Die Abstraktion der Zahl bei verschiedenen Objekten ist für viele rechenschwache Kinder ein Stolperstein. Hier können sie spielerisch trainieren: Die Zahl 5 steckt z. B. in 5 Erdbeeren, aber auch in 5 Bananen oder in 5 Zitronen. Der Transfer vom Bild zur Zahl wird so gefördert.

Bei dem Spiel geht es darum, möglichst schnell (blitzschnell) 5 Früchte einer Sorte zu erkennen. Jeder Mitspieler bekommt gleich viele Karten zugeteilt, die er verdeckt vor sich hinlegt. Reihum deckt jeder Spieler eine Karte auf. Sobald auf allen offenen Karten insgesamt 5 Früchte von nur einer Sorte liegen, gewinnt derjenige Spieler, der zuerst die Klingel betätigt, alle offen liegenden Kartenstapel. Wer als Erster keine verdeckte Karte mehr zur Verfügung hat, scheidet aus. Ziel des Spiels ist es, die meisten Karten zu gewinnen.

Alle Neune – das Zahlenputzen

Alle Neune ist ein Spiel für 2 oder mehr Spieler. Es besteht aus einer Spielbox, die eine Zahlenleiste mit den Zahlen 1–9 enthält, außerdem 9 Zahlenklappen, die zum „Zahlenputzen" benutzt werden, 2 Würfeln und 4 farbigen Zahlenschiebern.

Zu Beginn des Spiels werden alle Klappen nach oben aufgeklappt, so dass die darunter liegende Zahlenleiste sichtbar wird. Durch Würfeln (mit beiden Würfeln gleichzeitig) können nun Zahlen durch Herunterklappen der Zahlenklappen wie folgt geputzt werden:

- eine Zahl, die der Summe der beiden Würfelaugen entspricht oder
- zwei Zahlen, die der Summe der beiden Würfelaugen entsprechen.

Das Ziel des Spiels besteht darin, möglichst viele Zahlen zu putzen. Kann nicht der ganze Wert des Wurfs zum Putzen genutzt werden, so endet der Durchgang, die nicht geputzten Zahlen werden zusammengezählt und als negative Punktzahl mit dem Zahlenschieber für den betreffenden Spieler eingestellt. Der nächste Spieler ist an der Reihe.

Sobald ein Spieler 45 Minuspunkte erreicht oder überschreitet, scheidet er aus dem Spiel aus. Gelingt es einem Spieler in einem Durchgang alle Zahlen zu putzen, so erreicht er „Alle Neune" und ist automatisch Sieger. Das Spiel endet, wenn der vorletzte Spieler die 45 erreicht oder überschreitet.

Gewinner ist, wer alle Neune putzt, oder wer die niedrigste Punktzahl erzielt.

Das Zahlenputzen erfordert bei jedem Würfeln ein Vergleichen der Würfelaugen (insgesamt oder in den möglichen verschiedenen Kombinationen gegliedert) mit den vorhandenen noch zu putzenden Zahlen. Da beide Würfel zusammen bis zu 12 Augen haben können, wird somit das Zergliedern der Zahlen in zwei Komponenten im Zahlenraum von 2–12 beim Spielen trainiert.

Das Gliedern von Zahlen im Zahlenraum von 1–10, das Finden von Partnerzahlen oder Passerzahlen ist für die Bewältigung des Zehnerübergangs erforderlich, der den meisten rechenschwachen Kindern große Probleme macht. Das Zahlenputzen bietet hier auch dem Kind, das sich schwer tut, erste Erfolge, wenn nach der Addition der gewürfelten Punktemengen die beiden Würfelbilder sogleich zum Gliedern genutzt werden. Das Würfeln mit zwei Würfeln bringt so von selbst verschiedene Gliederungsmöglichkeiten in die Anschauung.

Die folgenden Möglichkeiten des Zahlenputzens bestehen beim Wurf von 6/2:

- die Zahl 8
- die Zahlen: 1/7, 2/6, 3/5, 4/4

Flic-Flac – ein Strategiespiel

Flic-Flac ist ein Lernspiel zum Einüben der vier Grundrechenarten für 1–4 Spieler. Es besteht aus einem quadratischen Holzkasten, an dessen 4 Seiten jeweils eine Schiene befestigt ist. An jeder Schiene sind 12 drehbare Vierkanthölzer angebracht, die mit den Zahlen 1–12 beschriftet sind. Diese Flic-Flacs werden beim Spielen nach innen geklappt. Gespielt wird mit 2 Punktewürfeln 1–6 und einem 12-seitigen Zahlenwürfel. Die mit grünem Filz belegte Grundfläche des Holzkastens dient dabei als Spielunterlage beim Würfeln.

Das Ziel des Spiels besteht darin, möglichst schnell alle Flic-Flacs umzulegen. Wer als Erster das Ziel erreicht, ist Sieger.

Das Spiel kann in mehreren Variationen und mit unterschiedlichem Schwierigkeitsgrad gespielt werden. Je nach Kenntnisstand des Kindes werden dabei die verschiedenen Würfel eingesetzt (1 oder 2 Punktewürfel bzw. 1–2 Punktewürfel und 1 Zahlenwürfel). Durch die Variabilität dieser Kombinationsmöglichkeiten und durch zusätzliches Verändern der Spielregeln wächst das Spiel mit und eignet sich daher für alle vier Grundschuljahre.

Die wichtigsten Spielvarianten sind – in der Reihenfolge vom Einfachen zum Schwierigen – im Folgenden dargestellt. Sie sind beliebig erweiterbar und stellen dadurch zusätzliche Ansprüche an die Kombinatorik der Mitspieler.

1. Variante: Punkte den Zahlen zuordnen

Gespielt wird mit nur einem Punktewürfel und den Flic-Flacs 1–6; die Flic-Flacs 7–12 werden zu Beginn des Spiels schon umgelegt.

Die Spieler würfeln reihum. Das Flic-Flac, das der gewürfelten Punktzahl entspricht, darf umgelegt werden. Ist es schon umgelegt, setzt der Spieler aus.

2. *Variante: Punkte den Zahlen zuordnen und addieren*

Gespielt wird mit zwei Punktewürfeln und allen 12 Flic-Flacs. Die mit beiden Würfeln gewürfelten Punkte werden addiert und das entsprechende Flic-Flac umgelegt.

3. *Variante: Punkte den Zahlen zuordnen, addieren und subtrahieren*

Gespielt wird mit zwei Punktewürfeln und allen 12 Flic-Flacs. Der Wert des Flic-Flacs wird durch Addieren oder Subtrahieren ermittelt.

Beim Würfeln der Punktezahlen 4 und 3 ergeben sich die Werte: 7 (4 + 3 = 7) oder: 1 (4 − 3 = 1).

4. *Variante: Addieren, Subtrahieren, Multiplizieren, Dividieren*

Der Wert des Flic-Flacs wird durch variables Einsetzen der vier Grundrechenarten ermittelt.

Beim Würfeln der Punktezahlen 3 und 4 ergeben sich die folgenden möglichen Flic-Flac-Werte: 3 + 4 = 7 oder 4 − 3 = 1 oder 3 x 4 = 12.

Beim Würfeln der Punktezahlen 6 und 2 ergeben sich die möglichen Werte: 6 + 2 = 8, 6 − 2 = 4, 6 x 2 = 12, 6 : 2 = 3.

5. *Variante: Addieren, Subtrahieren, Multiplizieren, Dividieren*

Zusätzlich zu den beiden Punktewürfeln wird auch der Zahlen-würfel eingesetzt. Das Ergebnis (der Wert für den Flic-Flac) wird durch verschiedene Kombinationen der Rechenarten er-mittelt und ist daher variabel. Es gilt, diejenigen Rechenarten miteinander zu kombinieren, die zu einem Wert verhelfen, der vom Spieler für das Umlegen eines Flic-Flacs benötigt wird. *Beispiel:* Gewürfelt werden die Punktezahlen 2 und 3 und die Zahl 7. Die folgenden Flic-Flac-Werte sind möglich:

$$2 + 3 = 5; 5 + 7 = 12$$
$$2 \times 3 = 6; 7 - 6 = 1$$
$$2 \times 7 = 14; 14 - 3 = 11$$
$$3 - 2 = 1; 1 + 7 = 8$$
$$7 + 3 = 10; 10 : 2 = 5$$
$$3 + 2 = 5; 7 - 5 = 2 \text{ usw.}$$

Beispiel: Gewürfelt werden die Punktezahlen 6 und 4 und die Zahl 12. Die folgenden Flic-Flac-Werte sind möglich:

$$12 + 4 = 16; 16 - 6 = 10$$
$$4 \times 12 = 48; 48 : 6 = 8$$
$$12 - 4 = 8; 8 - 6 = 2$$
$$12 - 6 = 6; 6 + 4 = 10$$
$$4 \times 6 = 24; 24 - 12 = 12 \quad \text{usw.}$$

6. Variante: das Einmaleins

Gespielt wird mit einem Punktewürfel. Dabei wird die gewürfelte Punktezahl mit einer Flic-Flac-Zahl multipliziert, solange bis alle Flic-Flacs umgelegt sind. Die Ergebnisse werden dabei notiert und am Ende des Spiels miteinander verglichen. Wer die höchste Punktezahl erreicht hat, ist Sieger.

Kinder beim Flic-Flac.

Schulische Unterstützungssysteme

Die Kulturhoheit innerhalb der Bundesrepublik Deutschland liegt in der Hand der Länder. Die Bildungspläne oder Lehrpläne, die Zulassung von Unterrichtswerken, pädagogisch-didaktische Anweisungen, Benotungen, Prüfungsordnungen werden von den jeweiligen Kultusministerien festgelegt. Ebenso sind die Unterstützungssysteme für lernschwache Kinder von Land zu Land verschieden. Welche Unterstützung rechenschwache Kinder in Baden-Württemberg erhoffen dürfen, wird im Folgenden beispielhaft beschrieben. Auskünfte über die Unterstützungsmöglichkeiten in den anderen Bundesländern sollten betroffene Eltern oder Lehrer bei den zuständigen Schulämtern bzw. Kultusministerien selbst anfordern. Erfahrungsgemäß richtet sich die Bereitschaft, die Probleme rechenschwacher Kinder in der Grundschule zu sehen und unterstützende Maßnahmen einzuleiten, vor allem nach dem Bedarf, der von Seiten der Eltern und der Lehrer geäußert wird.

(Anmerkung: Der Lesbarkeit wegen wird im Folgenden immer nur die Berufsbezeichnung „Lehrer", Psychologe" usw. verwendet und nicht jeweils auch die weibliche Form angeführt.)

Der Weg zur Therapie

Werden bei einem Grundschulkind Schwächen in Mathematik festgestellt, so besteht die erste Fördermaßnahme im Allgemeinen darin, dass das Kind Förder- oder Stützunterricht bekommt. Es wird einer Fördergruppe zugewiesen, in der es zusammen mit anderen im Rechnen schwachen Schülern seiner Klasse zusätzlichen Unterricht erhält. Dieser Unterricht wird von dem Mathematiklehrer der Klasse erteilt und beschränkt sich in der Regel darauf, dass der im Unterricht behandelte Lernstoff nochmals geübt wird.

Befindet sich unter diesen Kindern mit Rechenschwierigkeiten ein Kind mit einer Rechenschwäche, so kann dieser Förderunterricht deshalb nicht greifen, weil das Kind wieder nur übt, was es sowieso nicht begriffen hat. Wenn es nach Erklärungen fragt, bekommt es vom Lehrer dieselbe Antwort, die es schon vorher im Unterricht nicht verstanden hat.

Diagnose von Rechenschwäche

Ist der Lehrer über Rechenschwäche informiert, wird er einen Beratungslehrer um Hilfe bitten. Dieser übernimmt die Erstellung einer Diagnose, d. h. er stellt fest, ob es sich bei diesem Kind tatsächlich um eine Rechenschwäche handelt.

Für eine genaue Diagnosestellung ist folgendes Vorgehen erforderlich:

Die Produktanalyse

Der Mathematiklehrer des Kindes macht eine sogenannte Produktanalyse, eine beschreibende Fehleranalyse. Er stellt fest, wo Fehler auftreten und was falsch ist. Diese Analyse fällt nicht schwer, ergebnisorientiert ist der Mathematikunterricht ohnehin.

Die Prozessanalyse

Außerdem sollte der Lehrer auch die sog. Prozessanalyse durchführen können. Es handelt sich dabei um eine erklärende Fehleranalyse. Hier soll herausgefunden werden, wie die Fehler zustande kommen, welche Denkprozesse zu dem fehlerhaften Ergebnis führen. Diese Analyse ist viel aufwendiger und erfordert ein genaues Studium der Mathematikaufgaben des Kindes sowie u. U. die Mithilfe des Kindes, das vielleicht noch weiß, was es beim Rechnen gedacht hat.

Die Bedingungsanalyse

Anschließend macht der hinzugezogene Beratungslehrer eine Bedingungsanalyse. Er versucht herauszufinden, warum das Kind die Fehler gemacht hat. Dazu gehört, dass die Bedingungen, die

- in der Schülerpersönlichkeit,
- im Unterricht,
- im Elternhaus
- oder in sonstigen Bereichen liegen,

festgestellt werden.

Der Förderplan

Danach wird vom Beratungslehrer zusammen mit dem Mathematiklehrer ein Förderplan erstellt. Die Förderung erstreckt sich auf:

- die Arbeit im basalen Bereich (Wahrnehmungsschulung); hier muß u. U. ein Therapeut hinzugezogen werden,
- die Arbeit im mathematischen Bereich (ein Zurückgehen auf den Kenntnisstand des Kindes in Bezug auf Zahlaufbau, Operationen etc.),
- die Arbeit im häuslichen und schulischen Umfeld. In diesem psycho-sozialen Bereich ist eine gute und vertrauensvolle Kooperation zwischen Schule und Elternhaus unbedingt erforderlich.

Zu hohe Erwartungshaltungen, Leistungsdruck, Schuldzuweisungen, die zu Angst und Blockaden führen, sollten abgebaut werden.

Fördermöglichkeiten

Hat die Diagnose in Bezug auf den stofflich-mathematischen Bereich nur Stofflücken ergeben, so ist Stützunterricht eine angemessene Maßnahme. Bei grundlegenden Defiziten ist Einzelunterricht erforderlich. Hier kann die Kooperation mit einer Förderschule angefordert werden (der Rektor der Grundschule wendet sich an die zuständige Förderschule). Ein Förderschullehrer stellt dann, nachdem er das Kind auch im Unterricht beobachtet hat, einen Plan auf, nach dem Förderung in Form von Einzelunterricht über einen begrenzten Zeitraum (im Allgemeinen nicht länger als ein Vierteljahr) erteilt wird. Danach sollte das Kind den Stoff so weit aufgeholt haben, dass es im normalen Unterricht mithalten kann.

Schwere Fälle von Rechenschwäche mit massiven Ausfällen erfordern allerdings manchmal auch externe Therapie. Diese Form der Unterstützung ist angezeigt, wenn sowohl Elternhaus als auch Schule nicht mehr weiter wissen. Hier kann ein externer Therapeut für Entlastung sorgen. Allerdings ist auch eine Therapie kein absoluter Garant für Erfolg, wenn auch die Erfolgsquoten nach Angaben der damit befassten Institute sehr hoch liegen. Die für eine Therapie benötigte Zeit ist individuell verschieden. Nach den Erfahrungen der Institute muss mindestens mit einem Jahr gerechnet werden. Bei schwerer Dyskalkulie können auch mehrere Jahre erforderlich sein.

Wie Eltern ihren rechenschwachen Kindern helfen können

Oft erhalten Eltern, die mit der Rechenschwäche ihres Kindes konfrontiert werden, auf ihre bange Frage: „Was können wir tun?" von fachlich kompetenter Seite die lakonische Antwort: „Am besten gar nichts; denn Eltern sind immer die schlechtesten Nachhilfelehrer!"

Immer wieder gelingt es aber gut informierten und pädagogisch geschickten Eltern, in Absprache mit der Schule einen häuslichen Förderunterricht aufzubauen, der den Kindern Spaß macht und auch erfolgreich ist. Die in diesem Buch vorgestellten didaktischen Methoden sind als Anregung dafür gedacht.

Eltern, die sich in diesem Bereich nicht so viel zutrauen oder die zeitliche Belastung nicht tragen können oder sogar Angst um ihren häuslichen Frieden haben, weil sie bereits negative Erfahrungen mit der häuslichen Nachhilfe gemacht haben, sind deshalb nicht zu völliger Untätigkeit verurteilt.

Vielleicht können die folgenden Denkanstöße Eltern, die sich mit ihrem Problem allein gelassen fühlen, eine Hilfe sein und ihnen Anregungen geben.

Leitgedanken für den Umgang mit dem Kind

Beobachten des Kindes

Der Kinderarzt empfiehlt vom Zeitraum der Geburt bis zum vierten Lebensjahr eines Kindes in der Regel acht Untersuchungen zur Früherkennung von Krankheiten, die die normale körperliche oder geistige Entwicklung eines Kindes in besonderem Maße gefährden. Durch diese Untersuchungen sollen gravierende Entwicklungsdefizite rechtzeitig festgestellt und ausgleichende Maßnahmen eingeleitet werden. Kleinere Mängel werden auch schon mal übersehen oder als Spätentwicklung eingeschätzt und daher nicht beachtet. Aufmerksamen Eltern gelingt es aber schon ab dem Vorschulalter, durch genaues Beobachten ihres Kindes leichtere Entwicklungsdefizite festzustellen, vor allem, wenn Vergleichsmöglichkeiten zu anderen Geschwistern bestehen. Werden rechtzeitig ausgleichende Maßnahmen eingeleitet, sind diese oft geeignet, sich anbahnende Lernstörungen zu verhindern.

Die folgenden Fragestellungen sind als Hinweise und Anregung zur Beobachtung gedacht; sie sind durchaus erweiterbar:

- Fallen koordinierte Bewegungsabläufe schwer? Z. B. das Zusammenspiel von Auge und Hand: Wir erkennen es am genauen Ausschneiden oder exakten Ausmalen.
  Die Koordination rechte Hand/linke Hand: erkennbar z. B. am Perlenfädeln, Schuhebinden, Aufknöpfen.
  Die Koordination Arm/Bein: z. B. beim Klettern.
- Ist die Grobmotorik auffällig? Das Kind zeigt sich oft ungeschickt durch häufiges Stolpern, Umstoßen von Gegenständen, Anecken beim Laufen.
- Ist die Feinmotorik auffällig? Der Stift wird verkrampft gehalten, das Schriftbild wirkt ungleichmäßig, Zahlen passen nicht in die Kästchen, Bastelarbeiten werden ungenau ausgeführt.
- Ist die Sinneswahrnehmung altersgemäß? Nicht nur gutes Hören und Sehen, auch das Hör- und Sehverstehen müssen gesichert sein: Die Bedeutungshaltigkeit der Sinneseindrücke muss erkannt werden. Ähnlich klingende Laute

sollten unterschiedlich herausgehört werden, entsprechend auch beim Sprechen unterschieden werden.

- Meidet das Kind bestimmte Spiele, wie z. B. Bauklötze, Puzzles, Würfelspiele?
- Gibt es Hinweise auf taktil-kinästhetische Schwierigkeiten, mangelnden Zählbegriff oder Mengensimultanerfassung, Selektionsschwierigkeiten?
- Hat das Kind Probleme mit dem Gleichgewicht? Hüpfen auf einem Bein fällt schwer, ebenso das Gehen auf einer Linie, Balancieren auf einem Baumstamm.

Im Zweifel sollte die Diagnose eines Facharztes, insbesondere eines Neuropädiaters eingeholt werden, der dann Hilfestellung bei kompensatorischen Maßnahmen gibt. Diese können im Bereich der Seh- oder Hörschule, der Ergotherapie, der Logopädie, Psycho- oder Verhaltenstherapie, Heilgymnastik, Motopädie oder Heilpädagogik liegen (siehe Seite 112 ff.).

Kindgerechte Umgebung schaffen

Seit Jean Ayres´ grundlegender Forschungsarbeit auf dem Gebiet der Entwicklungsneurologie wissen wir, dass Lernen und Bewegung zusammengehören.

Es gibt kein Lernen ohne Bewegung. Gerade ein Kind mit Lernschwierigkeiten braucht daher eine Umgebung, in der es sich vielseitig bewegen kann.

Dazu gehören:

- Bewegungsmöglichkeiten im Freien: Feld, Wald, Wiese, Abenteuerspielplatz, Schwimmbad, See, Sportplatz etc.
- Bewegungsformen wie Klettern, Seilhüpfen, Ballspielen, Jonglieren, Schaukeln, Pedalofahren, Radfahren ...
- Vermeidung von Spielen, die nur im Sitzen möglich sind (Fernsehen, Computer).

- Echte Erlebnisse statt Erlebnisse aus der Konserve wie Videos usw.

Trainieren der Vorstellungsfähigkeit

Da Rechenschwierigkeiten meistens mit einer Anschauungsstörung verbunden sind, kann das spielerische Trainieren der Vorstellungsfähigkeit durch gedankliche Spaziergänge in der realen als auch der Phantasiewelt von Nutzen sein:

- Wir machen einen Spaziergang durch die eigene Wohnung. Diesen Spaziergang machen wir im Kopf. Wir fragen uns dabei z. B.: „Wie viele Stühle stehen im Esszimmer? Wo hängen Bilder an der Wand? Wie viele Treppenstufen führen in den Keller? Wie viele Schritte sind es vom Kinderzimmer bis in die Küche?" Wir üben dabei auch die Richtungsorientierung: Wir lokalisieren und benennen oben/unten, rechts/links, hinten/vorne.
- Wir machen einen Spaziergang durch ein ausgedachtes Haus. Wir beschreiben, was wir sehen, mit Worten. Vielleicht können wir das Haus sogar zeichnen.
- Wir üben unsere Richtungsorientierung. Eine wirksame Übung ist es, in einem bekannten, geschlossenen Raum eine Zeit lang mit verbundenen Augen umherzugehen. Beim Stehenbleiben sollten wir angeben können, wo wir uns befinden (z. B. in der Fensternische mit Blick auf die Tür).
- Wir schauen uns eine Bildergeschichte an und beschreiben sie mit Worten. Danach können wir sie aufschreiben.
- Wir denken uns eine Bildergeschichte aus; wir beschreiben und zeichnen sie. Vielleicht können wir die Handlung sogar in einen Zeitstrahl eintragen.
- Wir malen und beschreiben räumliche Gegenstände (z. B. Würfel: wie viele Flächen, Kanten?).
- Wir ertasten Gegenstände unter einem Tuch.
- Wir erfühlen Formen aus Sandpapier (geschlossene Augen).

Mathematisieren der Umwelt

Der Zählbegriff

Es ist gar nicht schwer, Mathematik im Alltag zu entdecken. Die meisten Kinder verfügen bereits über den Zählbegriff, wenn sie in die Schule kommen. Dennoch ist es sinnvoll, auch das Zählen hin und wieder ganz bewusst vorzunehmen und spielerisch immer wieder zu üben, da Kinder, die eine Rechenschwäche entwickeln, bereits mit dem Zählen Schwierigkeiten haben können. Der Alltag bietet hier ständig vielfältige Möglichkeiten; das Kind wird bei täglichen Verrichtungen spielerisch an das Zählen herangeführt.

Wir zählen

- beim Treppensteigen (Stufen zählen, der Reihe nach, immer zwei auf einmal, vorwärts, rückwärts),
- beim Tischdecken (1, 2, 3, 4 Messer, Gabeln, Löffel etc.),
- beim Anziehen (1, 2, 3, 4, 5, 6 Knöpfe, 1 Schuhband, 2 Schuhbänder).

Die Eins-zu-Eins-Zuordnung

1 Kind braucht zum Zeichnen 1 Zeichenblock, 1 Stift, 1 Radiergummi.

5 Kinder brauchen 5 Zeichenblöcke, 5 Stifte, 5 Radiergummis. Diese für Erwachsene selbstverständliche Zuordnung fällt rechenschwachen Kindern oft schwer. Das Zuordnen können wir z. B. beim Einkaufen üben:

Unsere dreiköpfige Familie braucht zum Mittagessen:
1. für jede Person 1 Apfel als Vorspeise – das sind 3 Äpfel,
2. für jede Person 1 Schnitzel und 1 Portion Salat als Hauptgericht – das sind 3 Schnitzel und 3 Portionen Salat,
3. für jede Person 1 Joghurt als Dessert – das sind 3 Joghurt.

Entdecken der Invarianz

Der Invarianzbegriff, d. h. das Wissen um das Gleichbleiben der Substanz oder der Menge bei verschiedener Anordnung oder Ausdehnung, ist nach Auskunft der Grundschulpädagogen längst nicht bei allen Schulanfängern voraussetzbar und muss daher durch möglichst viele eigene Erfahrungen geprägt werden. Zehn große Perlen in einer Reihe werden gern anzahlmäßig für mehr gehalten als eine gleich große Menge kleiner Perlen in einer (kürzeren) Reihe. Die Invarianz lässt sich im Alltag vielfältig erleben. Vergleichen wir die Menge Milch im Glas mit derselben Menge in der Tasse, im Teller, in der Pfütze auf der Tischdecke.

Auch beim Kuchenbacken und Kochen können wir Invarianzerfahrungen machen: Der Esslöffel Zucker ergibt auf den Teig verteilt nur eine hauchdünne Schicht. Die Milch aus der Literflasche wird optisch weniger in dem breiten Milchtopf. Ganz nebenbei lernen wir auch messen und schätzen.

Entdecken der Zahl

Zahlen in der eigenen Erlebniswelt zu finden, ist für Kinder meistens spannend. Sie stellen fest: „Ich habe 1 Nase, 1 Mund, 2 Ohren, 2 Augen, die Ampel hat 3 Farben, der Glücksklee hat 4 Blätter, ich habe 5 Finger an jeder Hand, die 6 ist die höchste Punktezahl beim Würfel, Schneewittchen lebte bei den 7 Zwergen, die Spinne hat 8 Beine, um 9 Uhr gehe ich ins Bett, mein Bruder ist 10 Jahre alt."

Wir können auch ein Spiel daraus machen: Zu einer vorgegebenen Zahl im Zahlenraum bis 10 sollen möglichst viele Beispiele in der Umwelt gefunden werden. Wer in einer festgelegten Zeit die meisten Beispiele gefunden hat, ist Sieger.

Zahlen mit dem ganzen Körper zu erfahren, kann eine gute Unterstützung für das Zahlengedächtnis bedeuten. Die folgenden Möglichkeiten bieten sich an:

Zahlen werden:

- geklopft, mit der Hand oder mit dem Fuß,
- mit Schritten erlebt, vorwärts, rückwärts,
- mit Tüchern geschwungen,
- mit Knete geknetet, mit Draht gebogen,
- mit einer Stecknadel auf ein Blatt Papier gestochen,
- auf der Rückseite des Papiers erfühlt, vergleichbar mit der Blindenschrift,
- auf der Trommel (Triangel, Xylophon) geschlagen,
- gesprochen und dem Schulkameraden auf den Rücken geschrieben.

Regeln selbst überprüfen und entwickeln lassen

Wenn das Rechnen Spaß machen soll, sollten wir unseren Kindern Gelegenheit geben, bei alltäglichen Handlungen Rechnungen zu entdecken.

Ein Beispiel:

Beim Äpfeleinsammeln möchte Johannes überprüfen, ob das Kommutativgesetz (die Vertauschbarkeit der beiden Summanden bei der Addition), das er gerade in der Schule kennen gelernt hat, stimmt. Er möchte 3 Äpfel und 2 Äpfel zusammenrechnen. Anschließend möchte er 2 Äpfel und 3 Äpfel zusammenrechnen. Er legt zunächst 3 Äpfel in seinen Korb; danach 2 Äpfel dazu.

Johannes stellt fest: Diese Menge gleicht der Menge von 5 Äpfeln, die Mutter in ihrem Korb hat.

Weiter stellt er fest: Nimmt er zuerst 2 Äpfel und danach 3 Äpfel, so bekommt er wieder dieselbe Zahl von 5 Äpfeln heraus: Sie gleicht wieder der Zahl in Mutters Korb. Er hat soeben herausgefunden:

$$3 + 2 \text{ (Äpfel)} = 2 + 3 \text{ (Äpfel)} = 5 \text{ (Äpfel)}$$

Außerdem hat er Erfahrungen mit der Gleichung gemacht.

Analog kann Johannes bei der Multiplikation verfahren. Er findet allein die Regel, dass die beiden Faktoren (der Multiplikator und der Multiplikand) bei einer Multiplikation vertauscht werden können. Um diese Rechenregel nachprüfen zu können, entscheidet sich Johannes für das Legen von Smarties: Johannes legt 2 x 4 Smarties auf ein Blatt Papier im Querformat.

Er sieht: 2 x 4 = 8.

Danach dreht er das Blatt ins Längsformat.

Jetzt sieht Johannes: 4 x 2 = 8.

Damit ist die Rechenregel bestätigt.

Rechenschwäche = Dummheit?

Diese Gleichung stimmt nicht! Ein rechenschwaches Kind ist nicht zwangsläufig dumm. Rechnenkönnen hat mit der Fähigkeit, logisch denken zu können, nichts zu tun. Leider hält sich dieses Vorurteil hartnäckig. Wir haben gesehen: Rechenschwäche beinhaltet oft nur eine Vorstellungsschwäche in Hinblick auf Zahlen und Zahloperationen. Ist diese Schwäche erst einmal überwunden, kann aus einem Rechenschwächling manchmal sogar ein begeisterter Mathematiker werden. Allerdings gelingt dies nicht durch häufigeres Üben (siehe Seite 15), sondern durch Veranschaulichung (siehe Seite 47) und Sicherung des Verständnisses.

Denkstrategien herausfinden

Rechenschwache Kinder machen meistens keine zufälligen Fehler. Oft versteckt sich hinter dem falschen Endergebnis eine Lösungsstrategie, die vielleicht in den meisten Punkten richtig ist und nur an einer einzigen Stelle falsch ist (siehe Seite 41 f.). Will man den Denkstrategien des Kindes auf die Spur kommen, so lassen sich durch die Methode des „lauten Denkens"

- bei jüngeren Kindern beim Bauen, Hantieren, Zeichnen,
- bei älteren Kindern durch sprachliche Äußerung

Denkstrategien herausfinden. Das falsche Ergebnis wird so relativiert und das Kind bekommt durch seine Teilerfolge wieder Motivation zum Weitermachen.

Fehler als Helfer

Aus Fehlern wird man klug, sagt ein bekanntes Sprichwort. Heißt das nicht auch: „Wer keine Fehler macht, kann nicht klug werden"? Kluge Kinder aber wünschen sich alle Eltern!

Wir sollten zulassen, dass unser Kind Fehler macht. Wenn Fehler zum Lernen genutzt werden, gewinnt das Kind an Einsicht und es verliert die Scheu, Fehler zu machen. Hat das Kind einen Fehler selbst gefunden, hat es mindestens so viel Lob verdient wie für eine richtige Lösung.

An das Kind glauben

Wenn Eltern ihrem rechenschwachen Kind helfen wollen, so genügt es allerdings nicht, ihm Anregungen und angemessene Hilfsmittel zu geben. Eine ganz wichtige Voraussetzung ist die Einstellung der Eltern selbst, die bewusst oder unbewusst dem Kind vermittelt wird.

Positive Begleitung und Rückenstärkung können Wunder bewirken. Wir sollten diesen Satz nicht ins Gegenteil verkehren! Tadel und Zurückweisung helfen weder uns noch dem Kind.

Eine Orientierung an seinen Stärken gibt einem demotivierten Kind wieder neuen Mut zum Lernen.

Außerschulische Hilfen

Wenn alle Hilfsmöglichkeiten, die die Schule bietet, ausge-
schöpft sind und wenn Eltern in ihren erzieherischen und
pädagogischen Möglichkeiten bei der Betreuung ihres rechenschwachen Kindes überfordert sind, muss nach außerschuli-
schen Hilfen gesucht werden.

Die pädagogisch-didaktische Rechentherapie

Infolge der häufigen Hilflosigkeit angesichts der Rechenschwäche-Problematik sowohl in der Schule als auch im Elternhaus steigt der Bedarf an außerschulischer Therapie ständig. Infolgedessen wenden sich immer mehr Pädagogen und
Psychologen diesem therapeutischen Betätigungsfeld zu. In
den meisten größeren bundesdeutschen Städten existieren inzwischen Institute, die auch spezielle Therapien zur Rechenschwäche anbieten.

Diese Institute bieten nach einem meist kostenlosen Beratungsgespräch eine unverbindliche Eingangsdiagnose zur Feststellung einer Rechenschwäche an. Die Eingangsdiagnostik
umfasst in der Regel eine qualitative Fehlerdiagnose mit der
Feststellung des aktuellen Lernstandes und der individuellen
Fehlertypologie des Kindes sowie eine ausführliche Anamnese
zu medizinischen und psychosozialen Besonderheiten. Gegebe-
nenfalls wird den Eltern in einem Beratungsgespräch die

Durchführung einer Therapie vorgeschlagen sowie – falls erforderlich – zusätzliche begleitende Fördermaßnahmen (wie Ergotherapie, Verhaltenstherapie, psychomotorische Therapie etc.).

Die Therapie wird in der Regel wöchentlich (45–60 Min.) in Form einer Einzeltherapie durchgeführt. Eltern und Schule (Mathematiklehrer) werden regelmäßig über den Fortgang der Therapie informiert. Die Dauer beträgt in der Regel mindestens 18 Monate bis zu mehreren Jahren, je nach Schweregrad der Dyskalkulie.

Die Kosten für den Eingangstest belaufen sich zz. auf DM 95,– bis DM 240,–, die Kosten für die Therapie auf DM 250,– bis DM 480,–. Kündigungen sind in der Regel monatlich möglich.

Staatliche Finanzierungshilfen für außerschulische Therapie

Rechtliche Grundlage für die staatliche Gewährung von Jugendhilfe bei Vorliegen der sog. umschriebenen Entwicklungsstörungen schulischer Fertigkeiten (Lese-Rechtschreib-/Rechenschwäche) sind die §§ 35 a und 27 SGB VIII.

Nach § 35 a haben Kinder und Jugendliche, die seelisch behindert oder von einer solchen Behinderung bedroht sind und damit die Fähigkeit zur Eingliederung in die Gesellschaft nicht gewährleistet ist, Anspruch auf Eingliederungshilfe.

Nach § 27 SGB VIII (Kinder- und Jugendhilfegesetz KJHG) haben Personensorgeberechtigte bei der Erziehung eines Kindes Anspruch auf Hilfe, wenn eine dem Wohl des Kindes oder des Jugendlichen entsprechende Erziehung nicht gewährleistet und die Hilfe für seine Entwicklung geeignet und notwendig ist. Sie umfasst insbesondere die Gewährung pädagogischer und damit verbundener therapeutischer Leistungen. (Zu den folgenden Ausführungen vgl. Petra Haller, 1998.)

Der Antrag

Anträge auf Hilfe zur Erziehung als auch auf Eingliederungshilfe können formlos beim zuständigen Jugend- und Sozialamt eingereicht werden. Dem Antrag sind die folgenden Unterlagen beizufügen:

• eine Stellungnahme der Schule, insbesondere eine Bestätigung, dass tatsächlich eine umschriebene Störung schulischer Fertigkeiten vorliegt, die in der Schule nicht behoben werden kann,

• ein psychologisches Gutachten, das sekundäre Störungen von erheblichem Ausmaß bescheinigt, bzw. bestätigt, dass solche Störungen ohne eine therapeutische Intervention zu befürchten sind. Dieses Gutachten kann von einem Kinder- und Jugendpsychiater, einem Kinderfacharzt – soweit dieser über eine neuropädiatrische/sozialpädiatrische Zusatzqualifikation verfügt – oder einem Diplom-Psychologen ausgestellt werden. Dabei sollte kein Zusammenhang zwischen Diagnostiker und Therapeut bestehen.

• Angaben von Eltern, Kind, Schule und behandelndem Arzt, die eine Einschätzung der Beeinträchtigung der sozialen Beziehungen des Kindes ermöglichen,

• ein ärztliches Zeugnis (vorzugsweise vom Gesundheitsamt) zur allgemeinen intellektuellen Leistungsfähigkeit, zur Leistungsfähigkeit in bestimmten Leistungsbereichen, zur Seh- und Hörfähigkeit und zum neurologischen Befund.

Der Hilfeplan

In der Regel wird nach § 36 SGB VIII ein Hilfeplan erstellt, der Art und Umfang der Maßnahme sowie die Behandlungsdauer festlegt. Die Verantwortung für die Qualitätssicherung der Therapie trägt der Jugendhilfeträger. Als Therapeuten kommen in Betracht:

- Diplom- und staatl. anerkannte Heilpädagogen/-innen
- Diplom-Psychologen/-innen
- Sonderschullehrer/-innen und Lehrer/-innen mit Zusatzqualifikation
- Kinder- und Jugendpsychiater/-innen
- Diplomsozialpädagogen/-innen

Die Jugendhilfe hat nach den Kostenträgern Schule und Krankenkasse Nachrang.

Bei ambulanten Maßnahmen wird der Antragsteller nicht zu den Kosten herangezogen. Nach § 91 SGB VIII können das Kind, der Jugendliche oder dessen Eltern an den Kosten beteiligt werden, wenn die Maßnahme in einer stationären Einrichtung, z. B. in einem Internat, erfolgen soll.

Übernahme der Therapiekosten durch die Krankenkasse

Wird von ärztlicher Seite eine Störung mit Krankheitswert festgestellt, kann eine Krankenkasse als Kostenträger für eine Heilbehandlung herangezogen werden. Die Heilbehandlung wird dann meist stationär in einer Kinder- und Jugendkurklinik oder einem sozialpädiatrischen Zentrum durchgeführt.

Therapiebegleitende Maßnahmen

Welche therapiebegleitenden Maßnahmen eine pädagogisch-didaktische Therapie unterstützen können, sollte durch fachärztliche Untersuchungen (Augenarzt, Ohrenarzt, Neuropädiater) festgestellt werden.

Eine gründliche neurologische, neurophysiologische und neuropsychologische Abklärung sollte dazu dienen, festzustellen, ob in Basisfunktionen der Wahrnehmung und der kognitiven Funktionen Defizite bestehen.

Die ergotherapeutische Behandlung

Ergotherapie ist eine Heilmaßnahme, die auf die Behandlung und Rehabilitation kranker und behinderter Menschen ausgerichtet ist. Ergotherapie wird vom Arzt verordnet und von den Krankenkassen getragen. Sie wird in der Orthopädie, Unfallchirurgie, Neurologie, Psychosomatik, Psychiatrie, Geriatrie und auch in der Pädiatrie angewendet.

In der Pädiatrie werden Kinder ergotherapeutisch behandelt, die deutlich hinter der Norm im körperlichen, geistigen und seelischen Bereich zurückbleiben. Dies sind Kinder mit deutlichen Entwicklungsverzögerungen.

Dazu gehören:

• Kinder mit motorischen Problemen: Sie fallen oft, verletzen sich oft, greifen daneben (keine altersgemäße Grobmotorik) oder sie können nicht malen, schneiden, haben keine gute Stifthaltung (keine altersgemäße Feinmotorik).

• Kinder mit Apraxie: Sie sind bei alltäglichen Verrichtungen extrem unselbstständig, haben zwei linke Hände beim Ausziehen, Anziehen, Knöpfe zumachen etc.

• Kinder mit Hyperaktivität: Sie sind ständig voller Unruhe, ständig in Bewegung, nehmen jeden Reiz auf, sind leicht ablenkbar, ermüden rasch.

• Kinder mit kognitiven Schwächen: Kinder, die nicht spielen können, die nicht vorausplanen können, mit sich selbst nichts anzufangen wissen.

• Kinder mit Sprachproblemen.

• Kinder mit Lernstörungen oder/und Konzentrationsschwierigkeiten.

Nicht in die Ergotherapie gehören Kinder mit vorwiegend psychischen Problemen. Hier wird psychotherapeutisch behandelt.

Die Ergotherapie bietet:
- Bewegungstherapie für Grob- und Feinmotorik
- Wahrnehmungstraining, Sinnesbehandlung
- Tiefenwahrnehmungstraining auf neurophysiologischer Grundlage (Muskeln, Gelenke)
- psycho-soziale pädagogische Betreuung.

Die Ergotherapie bietet keine Symptombehandlung. Sie orientiert sich an der Hirnreifung des Kindes. Die Hirnreifung wird sichtbar in dem, was ein Kind tut, bzw. nicht tut. Die Ergotherapie setzt dabei am tiefsten Punkt der Entwicklung an. Hier wird das Kind gezielt individuell gefördert.

Geschult werden zunächst die körpernahen Sinne (Tast- und Bewegungssinn und Tiefensensibilität), erst dann die körperfernen Sinne (Sehen, Hören), und schließlich werden die Sinnesmodalitäten gleichzeitig geübt, d. h. in der Bewegung sehen, fühlen, hören (Integration der Sinne nach J. Ayres).

Folgende Arbeitsmittel werden in der Ergotherapie verwendet:
- Linsen, Bohnen, Steine, Muscheln, Bürsten, Bälle, Stoffe, Kleister, Fingerfarben, Ton, Werkmaterialien (Schulung des Tastsinns)
- Hängematte, Airtramp, Rollerbahn, Schaukeln aller Art, Sprossenwand, Rollbretter, Pedalo, Therapieball (Schulung des Bewegungssinnes)
- schwere Gegenstände, Bleischnüre, Manschetten, Taue, Schlauchrolle, Materialsäckchen (Schulung der Tiefensensibilität)
- didaktische Spiele aller Art: Formen-, Farben-, Längen-, Volumenspiele, Bausätze, Holzeisenbahn, Anziehpuppe (Schulung der optischen Wahrnehmung)
  (Vgl. G. Schneider-Klein, 1994)

Rhythmik- und Psychomotorikkurse

Ähnlich wie bei der Ergotherapie ist die Schulung im Bereich von Rhythmik und Psychomotorik geeignet, die Mängel an Bewegungskontrolle (Koordinationsstörungen beim Zusammenwirken von Muskeln und Nerven) auszugleichen.

Bewegungsauffälligkeiten gibt es:

- beim schlaffen Kind: Es fällt auf durch seine muskuläre Schlaffheit, wirkt langsam und lahm. Es fehlt ihm an Spannkraft und Schnellkraft. Es ist weich wie ein Pudding.
- beim steifen Kind: Seine Bewegungen sind kantig, eckig und ruckhaft. Es verfügt über genügend Kraft, ist aber nicht gelenkig und wendig.
- beim verspannten Kind: Seine Bewegungen wirken verkrampft. Beim Schreiben wird zu viel Druck angewandt, die Schrift kommt nur langsam voran. Das Kind wirkt ängstlich und gehemmt.
- beim zappeligen Kind: Seine Bewegungen sind unruhig und nervös. Es kann nicht stillsitzen. Die Feinsteuerung der Bewegungen fällt schwer. Manchmal leidet der überdrehte Zappelphilipp auch an nervösen Zuckungen.

Bewegungsfördermaßnahmen aus dem Bereich der Psychomotorik sind geeignet, bei bewegungsgestörten Kindern die Einheit Motorik – Psyche positiv zu beeinflussen. Gleichzeitig werden dabei auch Freude und Aufmerksamkeit beim Handeln geweckt sowie die kognitiven Fähigkeiten beim Lernen verbessert und damit eine positive Rückwirkung auf die Motorik erzielt. (Kiphard, 1996)

Die Lern- und Verhaltenstherapie

Kinder mit Lernschwierigkeiten finden Unterstützung vor allem im psychischen Bereich durch eine Lern- und Verhaltenstherapie. Diese Therapien werden von Diplom-Psychologen, Kinder- und Jugendpsychiatern, Diplom-Pädagogen, Verhaltenstherapeuten und Sozialpädagogen durchgeführt. Durch handelndes Umgehen mit verschiedenen Lernmaterialien, durch Mal- und Gestaltungstherapie, in Verbindung mit einer begleitenden Gesprächstherapie, werden negative Denkmuster aufgespürt, Denkblockaden gelöst, ängstlich-depressives Verhalten abgebaut und das Selbstwertgefühl Schritt für Schritt gehoben. Voraussetzung ist eine vertrauensvolle Beziehung zwischen dem Therapeuten und dem Kind.

Umstrittene Therapiemöglichkeiten

Die im Folgenden beschriebenen Therapiemöglichkeiten sind wissenschaftlich nicht anerkannt bzw. werden von Fachleuten unterschiedlich diskutiert.

Die Kinesiologie

Die Kinesiologie, die Lehre von der Bedeutung von Bewegung beim Aufbau des neuronalen Netzes in der kindlichen Entwicklung, beinhaltet vor allem die Erkenntnis, dass bei Kindern mit Lernstörungen häufig die Zusammenarbeit zwischen linker und rechter Gehirnhälfte gestört ist.

Linkes und rechtes Gehirn

Bekanntlich steuert die rechte Gehirnhälfte die linke Körperseite und umgekehrt; man spricht von der sog. Überkreuzwirkung. Dabei arbeitet das rechte Gehirn ganzheitlich, das Denken ist vernetzt, die Intuition spielt eine große Rolle, ebenso Kreativität und Fantasie. Hier werden Farb- und Formeindrücke wahrgenommen. Das Rechtshirn-Kind schaut dabei nicht so genau hin. Ihm reichen zur Erfassung von Information wenige Merkmale, das Fehlende wird blitzschnell konstruiert.

Das linke Gehirn dagegen arbeitet logisch-analytisch, es arbeitet nach Regeln, beachtet Einzelheiten. Demzufolge schaut das linkshirnige Kind genau hin. Erstrebenswert ist natürlich, dass beide Gehirnhälften partnerschaftlich zusammenarbeiten. In der Realität ist das leider nicht immer so. Diese Störung wird auf eine mangelnde Bahnung über das Corpus Callosum, den sog. Balken, zurückgeführt. Diese Bahnung, die in den ersten Lebensjahren – gekoppelt an Bewegung (vgl. J. Ayres, 1984) – erfolgt, und die durch den Neurotransmitterspiegel geregelt wird, kann auf Grund von Entwicklungsdefiziten unvollkommen sein.

Kinesiologische Übungen

Mit Hilfe der Kinesiologie sind heilgymnastische Bewegungsübungen entwickelt worden, die die Kommunikation über den Balken anregen. Es handelt sich dabei vorwiegend um Überkreuzübungen, die die Integration der beiden Gehirnhälften fördern, und um sog. Brain-Gym-Übungen, die das Gehirn anschalten. Nachweislich wird durch diese Übungen der Neurotransmitterspiegel gehoben (man kann dies durch Thermographie sichtbar machen). Dabei wird der Balken zum Schwingen gebracht; als positive Nebenwirkung werden Kreislauf und Lymphsystem aktiviert. Die Wirkung der Übungen ersetzt bei ADS-Kindern die Verabreichung von Ritalin-Gaben. (Ingeborg Kilgus, 1995)

NLP – Neurolinguistisches Programmieren

NLP ist eine eigenständige Form der Psychotherapie. Sie ist Anfang der 70-er-Jahre entstanden und befasst sich mit der Sprache des neuronalen Netzes, die bei jedem Menschen sehr individuell ausgebildet ist und die ein subjektives inneres Modell der Realität wiedergibt. Durch Einsetzung bestimmter Techniken, dem Programmieren, soll die Mobilisierung positiver Empfindungen und Fähigkeiten, das Auffinden effektiven Denkens und Handelns begünstigt werden.

Die Tomatis-Methode

Das Ohr ist nicht nur zum Hören da, sondern auch Sitz des Gleichgewichtsorgans. Von hier aus werden Motorik, Orientierungssinn, Rhythmusgefühl und Schwindelanfälligkeit gesteuert. Der Pariser HNO-Arzt Alfred Tomatis fand außerdem heraus, dass sich seelische und körperliche Probleme eines Menschen in der Hörfähigkeit widerspiegeln. Und zwar lässt schwaches Hören bestimmter Frequenzen auf bestimmte psychosomatische Probleme schließen. Werden die entsprechenden Frequenzen im Gehör wieder normalisiert, so verschwinden damit auch die Probleme wie von selbst.

Die Hörkur

Professor Tomatis entwickelte daher eine Hörkur, d. h. ein Trainingsprogramm, bei dem Mozartmusik individuell so gefiltert wird, dass schwach gehörte Frequenzbereiche angeregt werden und das Ohr neu zu hören beginnt.
Anwendung findet diese Kur bei den folgenden Symptomen:

- Depressionen und Ängste
- psychosomatische Krankheiten
- Schlafstörungen
- Migräne
- Hörsturz und Tinnitus
- Haltungsfehler und Verspannungen
- Lispeln und Stottern u. a.

Auch bei Legasthenie und Rechenschwäche, Autismus, Konzentrationsstörungen, niedriger Frustrationstoleranz, schlaffer und verkrampfter Haltung bei Kindern bestehen durch die Hörkur Aussichten auf Besserung.

Jede Kur beginnt mit einem Hörtest. Dabei werden die Impulse von linkem und rechtem Ohr, sowie von Knochen- und Luftleitung gemessen. Widersprechen sich diese Impulse, führt das zu Verspannungen im Körper und zu den genannten Sekundärsymptomen.

Für sein spezielles Hörtraining hat Tomatis einen Kopfhörer entwickelt, der nicht nur für jedes Ohr eine Ohrmuschel hat, sondern noch eine dritte, die auf die Schädeldecke aufgesetzt wird und für die Knochenleitung bestimmt ist. So kann das Ohr überlistet werden, wenn es eine Abwehrhaltung eingenommen hat und Frequenzen nicht hören will.

Durch eine Mikrogymnastik der Ohrmuskeln findet bei der Hörkur allmählich eine Synchronisation der widersprüchlichen Hörkurven statt. Die Wirksamkeit des heilsamen Hörens ist darauf zurückzuführen, dass das Ohr nicht nur hört, sondern akustische Impulse in nervliche Impulse umsetzt, die wiederum das Gehirn vitalisieren, das Bewusstsein, die Denkfähigkeit, das Gedächtnis und den Lebenswillen fördern.

Eine besondere Bedeutung kommt dabei den hohen Frequenzen zu (wispern und zischeln). Vor allem, wenn ein Kind statt Mozart die hohen Frequenzen der Mutterstimme zum heilenden Hören bekommt, hat dies eine dynamische Wirkung auf das Gehirn. Genauso hat das Kind als Fötus im Mutterleib die Stimme der Mutter wahrgenommen, als noch das Fruchtwasser die tiefen Frequenzen dämpfte. Tomatis spricht von der heilenden Wirkung einer akustischen Geburt. (Tomatis, 1990)

Die Korrektur der Winkelfehlsichtigkeit
Unter Winkelfehlsichtigkeit versteht man ein gestörtes beidäugiges Sehen infolge ungleicher Fokussierung beider Augen. Verursacht wird diese Störung durch ein Ungleichgewicht der Bewegungsmuskulatur beider Augen. Man bezeichnet diese Störung auch als verdecktes Schielen, da – infolge ständiger

Kompensation durch das Gehirn – keine Schielstellung des Auges wahrgenommen werden kann.

Die ständig notwendige Kompensation kann aber Auslöser für Kopfschmerzen, rote und trockene Augen, Lichtempfindlichkeit und Konzentrationsprobleme werden.

Die Winkelfehlsichtigkeit kann durch exakt ausgemessene Prismengläser ausgeglichen werden. Als Messverfahren wird die sog. MKH-Methodik, die Mess-Korrektions-Methode nach H.-J. Haase (Polatest), angewandt. Dieses Verfahren wird von Schulmedizinern allerdings nicht anerkannt.

Bei den folgenden Auffälligkeiten werden – nach festgestellter Winkelfehlsichtigkeit – Prismenbrillen eingesetzt:

- Störung der Grafomotorik: ungeschicktes, eckiges verlangsamtes Schreiben
- Störung der Grobmotorik: Koordinationsschwächen in der Bewegung
- Lese-Rechtschreib-Probleme
- Störungen in der Entwicklung des Zahlenverständnisses und der Mengenauffassung.

Die Bachblütentherapie

Der englische Arzt Dr. Bach fand heraus, dass es für jeden Seelenzustand eine entsprechende Blüte gibt. Seine Bachblütentherapie umfasst die Heilwirkung von 38 verschiedenen Blüten, die in unterschiedlichen Mischungen auf Emotionen wirken sollen, vergleichbar mit der Wirkung von Musik.

Verschiedene Therapeuten sind auch von der heilenden Wirkung von Steinen, Aromen und Farben überzeugt. Sie berichten von stabilisierenden Wirkungen dieser Therapien auf den Seelenzustand von Kindern. Dadurch werde ein Abbau von Denkblockaden ermöglicht und eine Förderung der Lernbereitschaft und Konzentrationsfähigkeit bewirkt. Schulmediziner und Wissenschaftler stehen diesen Methoden skeptisch gegenüber.

Didaktischer Ausblick

„Die Schule neu denken", diese vielzitierte Forderung Hartmut von Hentigs (1993) wird von einer großen Zahl von Didaktikern der Mathematik – nach den nicht gerade ermutigenden Ergebnissen der internationalen Bildungsstudie TIMMS – aufgegriffen. TIMMS (Third International Mathematics and Science Study, 1997–1998), eine internationale Vergleichsstudie bezüglich der Leistungen von Schülern und Schülerinnen in Mathematik und Naturwissenschaften, hatte für die deutsche Schule nur mittelmäßige Ergebnisse ergeben. Der sog. „offene Unterricht" bietet hier Möglichkeiten der Erneuerung in Bezug auf Lerninhalt, Methodik und Unterrichtsorganisation.

Der Lerninhalt sollte auf die Lebenswelt des Kindes bezogen sein; denn das Kind muss auf seine eigenen Erfahrungen zurückgreifen können, um den Lernstoff mit seiner Assoziationswelt zu verknüpfen und damit bleibend im Gedächtnis zu verankern. Lernen und Leben, Schule und Umwelt stehen in ständiger Wechselbeziehung zueinander. Der Unterricht braucht Zugänge zu den Gegenständen des Alltags, der Umwelt, der Natur, um lebendig und anschaulich zu sein. Fächerübergreifendes Lernen bietet dabei Möglichkeiten verschiedener Anschauungsweisen und deren Vernetzung.

Die Methodik ist offen für entdeckendes, experimentierendes, forschendes Lernen, stützt sich auf fächerübergreifende Kooperation und regt interdisziplinäre Fragestellungen an. Das

Kind bekommt dabei genügend Spielraum für eigene Erfahrungen beim Lernen mit allen Sinnen, Spielraum für eigene Entdeckungen beim Probieren, Experimentieren, Suchen und Fragen, Spielraum, um selbst Fehler zu machen. Das Kind lernt individuell, selbstständig, in großen oder kleinen Schritten mit den Arbeitsmitteln seiner Wahl. Der Lehrer übernimmt die Rolle des Beobachters und Koordinators, der weitgehend auf dirigistische Maßnahmen verzichtet, dabei durch Aufmunterung motiviert, aber Tadel, Zurückweisung und Bloßstellung vermeidet.

Die Unterrichtsorganisation wird durch einen Wochenplan bestimmt, der gemeinsam von der Lehrkraft und den Schülerinnen und Schülern erstellt wird. Dieser umfasst Pflichtaufgaben, Wahlaufgaben und Zusatzaufgaben, die zum großen Teil in der Freiarbeit bearbeitet werden. Den individuellen Arbeitsplan macht sich jedes Kind selbst. Mit Hilfe des Wochenplans gewinnt die Lehrkraft Zeit, um das einzelne Kind bei seinen Lernschritten zu beobachten. Bei Bedarf kann sie gezielt helfend eingreifen und damit individuelle Unterstützung leisten.

Durch die Möglichkeit von Partner- und Gruppenarbeit wird das gegenseitige Helfen angeregt: Die Starken unterstützen die Schwachen. Die Arbeit im Team baut Konkurrenzdruck ab und ermöglicht Lösungen, die in der Einzelarbeit nicht erbracht werden können. Das harmonische Nebeneinander von gemeinsamem und individuellem Lernen beeinflusst das gesamte Sozialverhalten positiv.

In Montessori-Schulen, Peter-Petersen-Schulen, Freinet-Schulen und in der Bielefelder Labor-Schule wird nach diesen Prinzipien gearbeitet.

Wünschen wir uns im Interesse unserer Kinder, dass diese Prinzipien möglichst bald an allen Schulen umgesetzt werden.

Glossar

Adäquat angemessen, angepasst

Arithmasthenie Begriff für Rechenschwäche

Auditiv das Hören betreffend

Basale Funktionen Grundfunktionen der Sinneswahrnehmung

Diagnostik Bestimmungslehre

Demotivation Unlust

Didaktik Unterrichtslehre

Differenzierung Unterscheidung, Feststellen der Unterschiede

Diskrepanz Unterschied, Abweichung

Dyskalkulie Begriff für Rechenschwäche

EEG Elektro-Enzephalogramm elektrische Messung der Gehirnströme

Emotional gefühlsmäßig

Frustration fehlende Motivation aufgrund von Misserfolgen

Genetisch erbbedingt

Idiosynkratisch aus sich heraus, ohne Außeneinwirkung

Insuffizienz Schwäche

Integration ein Ganzes bilden

Intervention Eingreifen

Klassifizierung Zuordnung zu einer Klasse

Kognitionspsychologie Psychologie, die sich auf die gedankliche Verarbeitung bezieht

Kognitive Fähigkeiten geistige Fähigkeiten, die Erkenntnis betreffend: Denken, Planen, Vorstellen, Erinnern, Gedächtnis

Kompetenz Befähigung, Fachkenntnis
Konfiguration Gestaltung
Korrelation Wechselbeziehung
Motivation Antrieb, Anstoß
Neurologie Nervenheilkunde
Neurogen auf das Nervensystem bezogen
Operativ eine Handlung betreffend
Perinatal vor, während, nach der Geburt
Physiologie Lehre von den Lebensvorgängen
Psyche Seele
Pränumerisch mengenmäßig, ohne zu zählen
Psychomotorik Bewegungsleben
Primär zuerst, als Erstes
Sekundärsymptome Folgesymptome
Selektion Auswahl
Simultan gleichzeitig
Statisch einen Zustand betreffend
Taktil-kinästhetisch die Wahrnehmung von Berührung und
  Bewegung betreffend
Transfer Übertragung
Vestibuläre Wahrnehmung Gleichgewichtssinn
Visuell den Gesichtssinn betreffend

Verwendete Literatur

AKTION HUMANE SCHULE (AHS) – Baustein-Info-Blätter „Wir bauen eine humane Schule", 1998

AYRES, JEAN: Bausteine der kindlichen Entwicklung. Berlin, Springer 1984

BRUNER, J. S.: Studien zur kognitiven Entwicklung. Klett, Stuttgart, 1988

GERSTER, H.-D.: Arithmetik im Anfangsunterricht. In: Handbuch zur Grundschulmathematik 1. u. 2. Schuljahr. Klett, Stuttgart, 1994

GERSTER, H.-D.. Positionspapier. In: Abaküs(s)chen 1/97, S. 10, IFRK e.V. (Hrsg.)

HALLER, PETRA: Die Förderung teilleistungsgestörter Kinder mit Mitteln der Jugendhilfe. Magisterarbeit, Stuttgart, 1998

HAMMER, ERICH: Erfahrungen mit dem Einsatz von Cuisenaire-Stäben im Mathematik-Unterricht der Grundschule. In: Abaküs(s)chen 1/97, S.11–12, IFRK e. V. (Hrsg.)

HAMMER, ERICH: Handlungsorientiertes Rechnen im 1. u. 2. Schuljahr. In: Wenn eins und eins nicht gleich zwei ist, S. 76–84, IFRK e.V. (Hrsg.), Stuttgart, 1998

HENTIG, HARTMUT VON: Die Schule neu denken. München, Hanser, 1993

KILGUS, INGEBORG: Was Kinesiologie beitragen kann, um Teilleistungsstörungen bei Kindern zu therapieren. In: Abaküs(s)chen IFRK e.V. (Hrsg.), Stuttgart, 1995

KIPHARD, ERNST J.: Unser Kind ist ungeschickt. Ernst Reinhardt-Verlag, München, 1996

KLAUER, K. J.: In Mathematik mehr leistungsschwache Mädchen, in Lesen und Rechtschreiben mehr leistungsschwache Jungen? – Zur Diagnostik von Teilleistungsschwächen. In: Zeitschrift für Entwicklungspsychologie und Pädagogische Psychologie 24 (1), S. 48–65, 1992

KRETSCHMANN, MARLIS: Das Problem der Zahlenverdrehung. In: Abaküs(s)chen 12, 97/98, IFRK e.V. (Hrsg.)

KRÜLL, KARIN-ELKE: Rechenschwäche – Was tun? München, 1994

LORENZ, J.-H. / RADATZ, H.: Handbuch des Förderns im Mathematikunterricht. Schroedel, Hannover, 1993

LORENZ, J.-H.: Kinder entdecken die Mathematik. Westermann Praxis Pädagogik, Braunschweig, 1997

MALCHAU, MONIKA: Erkenntnisse und Perspektiven aus der therapeutischen Arbeit mit rechenschwachen Kindern. In: Dummer (Hrsg.): Legasthenie, Bericht über den Fachkongress 1986, S. 361–365, Bundesverband Legasthenie, Emden, 1986

MILZ, INGEBORG: Rechenschwächen erkennen und behandeln. Borgmann, Dortmund, 1993

MINISTERIUM FÜR KULTUS, JUGEND UND SPORT in Zusammenarbeit mit der Initiative zur Förderung rechenschwacher Kinder: Schwierigkeiten im Mathematikunterricht in der Grundschule, Prävention – Diagnose – Motivation – Förderung, S. 12–16. Stuttgart, 1998.

MONTESSORI, MARIA: Kinder sind anders. Klett, Stuttgart, 1967

PIAGET, JEAN/SZEMINSKA, ANNA: Die Entwicklung des Zahlenbegriffs beim Kinde. Klett, Stuttgart, 1972

ROSENKRANZ, CHRISTEL: Kieler Zahlenbilder. Ein Förderprogramm zum Aufbau des Zahlbegriffs für rechenschwache Kinder (Zahlenraum 1–20), Veris Verlag, Kiel, 2. Aufl. 1997

RUF-BÄCHTIGER, LISLOTT: Das frühkindliche psychoorganische Syndrom. Thieme, Stuttgart, 1995

SCHILLING, SABINE / PROCHINIG, THERES: Dyskalkulie. Schubi, Winterthur, 1988

SCHMASSMANN, MARGRET: Hilfe! Rechnen. Was tun bei Lehr- und Lernschwierigkeiten im Bereich Mathematik? In: Wenn eins und eins nicht gleich zwei ist. S. 44–50, IFRK e.V. (Hrsg.), Stuttgart, 1994

SCHMASSMANN, MARGRET: Mathematikunterricht für alle, Mathematik ganz einfach. In: Rechenstörungen, S. 146–172, Akademie für Lehrerfortbildung (Hrsg.), Auer, Donauwörth, 1995

SCHNEIDER-KLEIN, GABRIELE: Ergotherapie mit Kindern. In: Wenn eins und eins nicht gleich zwei ist. S. 65–69, IFRK e.V. (Hrsg.), Stuttgart, 1994

SCHULZ, ANDREA: Rechnen lernen heißt Sehen lernen. In: Westermann Praxis 2/1998

SPINOLA, ROLAND/PESCHANEL, FRANK, D.: Grundlagen und Anwendungen des Ned-Hermann-Modells für die Personalentwicklung (Gelbe Reihe Gehirn und Lernen) GABAL Bd. 26. 3. Aufl., 1992

TOMATIS, ALFRED: Der Klang des Lebens. Rowohlt, Reinbek, 1990

VESTER, FREDERIC: Denken, Lernen, Vergessen. dtv, Stuttgart, 1975

Vorgestellte Lernmaterialien

Mathematik in der Grundschule: Farbige Stäbe. Klett-Verlag, Stuttgart, Best. Nr. 16534

Lernkartei: Grundlagen des Rechnens von Gerda und Hans-Dieter Gerster. Klett-Verlag, Stuttgart, ISBN 3-12-18771

Kieler Zahlenbilder von Christel Rosenkranz. Veris Verlag, Kiel, ISBN 3-924173-78-8

Vorgestellte Spiele

Alle Neune. MB-Spiele, Milton Bradley GmbH, Soest

Flic-Flac. Spectra-Lehrmittel-Verlag GmbH, Dorsten

Halli-Galli. Amigo-Spiel u. Freizeit GmbH, Rödermark

Jenga. Holzbausteine, Eigenherstellung

Über die Autorin

Margret Schwarz, ausgebildete Gymnasiallehrerin und Mutter von drei Kindern, hat als betroffene Mutter 1990 die Initiative zur Förderung rechenschwacher Kinder IFRK e. V., Stuttgart, mitbegründet und ist seit 1995 1. Vorsitzende. Sie ist Mitglied der 1996 vom Kultusministerium Baden-Württemberg ins Leben gerufenen Arbeitsgruppe „Rechenschwäche in der Grundschule" und Mitarbeiterin an einem 1998 veröffentlichten Leitfaden für Eltern und einer Informationsbroschüre für Lehrer zum Thema Rechenschwäche. Zu diesem Problemkreis hält sie u.a. Vorträge und führt Seminare durch. Durch langjährige Unterrichtserfahrungen im Nachhilfebereich hat sie eine besondere Sensibilität für Lernstörungen bei Schulkindern entwickelt.